みんなの日本語 初級I 第2版

Minna no Nihongo

漢字 ベトナム語版 Chữ Hán I (Phiên bản Tiếng Việt)

西口光一 [監修]

新矢麻紀子・古賀千世子・髙田 亨・御子神慶子 [著]

スリーエーネットワーク

© 2014 by Nishiguchi Koichi, Shinya Makiko, Koga Chiseko, Takada Mutsumi and Mikogami Keiko

All rights reserved. No part of this publication may be reproduced, stored in a retrieval system, or transmitted in any form or by any means, electronic, mechanical, photocopying, recording, or otherwise, without the prior written permission of the Publisher.

Published by 3A Corporation.
Trusty Kojimachi Bldg., 2F, 4, Kojimachi 3-Chome, Chiyoda-ku, Tokyo 102-0083, Japan

ISBN978-4-88319-698-2 C0081

First published 2014
Printed in Japan

Phần mở đầu

Một trong những thách thức rất lớn đối với người học tiếng Nhật đến từ những nước không dùng chữ Hán là việc hình thành khả năng đọc và viết chữ Hán.

Đối với người học dạng này, hệ thống ký tự tiếng Nhật hoàn toàn lạ lẫm và chữ Hán trông chẳng khác gì những hình khối bất quy tắc của những đường thẳng và đường cong tùy tiện. Vì vậy, không có gì là khó hiểu về việc khi nhìn thấy chữ Hán cũng như hệ thống ký tự của tiếng Nhật, nhiều người đã lưỡng lự học tiếng Nhật và một số người thì bỏ qua khâu học chữ Hán mà chỉ tập trung vào học nói tiếng Nhật. Quả thật, việc học ngôn ngữ viết tiếng Nhật không dễ dàng. Nhưng nếu có phương pháp học thích hợp thì sẽ không vất vả đến mức như bạn thoạt nghĩ. Mặt khác, nếu bắt đầu hiểu được rằng hệ thống ký tự tiếng Nhật hoàn toàn khác với ngôn ngữ của mình thì có lẽ người học sẽ cảm thấy ngôn ngữ con người là một cái gì đó rất kỳ lạ và thú vị. Người La mã xưa có câu: "Học vấn không có con đường dành riêng cho vua chúa". Tuy nhiên, học vấn lại có "con đường thích hợp". Cuốn sách chữ Hán này sẽ chỉ cho các bạn con đường thích hợp đó. Nếu học theo cuốn sách này, bạn có thể vừa biết được nhiều điều về chữ Hán và từ Hán, vv… vừa luyện được kỹ năng đọc và viết tiếng Nhật trong đó bao gồm chữ cả Hán một cách vui vẻ, thoải mái.

Thay mặt cho nhóm tác giả, tôi xin chân thành cám ơn bà Kikukawa Ayako của 3A Corporation, đã cho chúng tôi những lời khuyên hữu ích và bỏ nhiều công sức, kiên trì, tỉ mỷ cho công tác biên tập để xuất bản cuốn sách này. Tôi cũng xin gửi lời cảm ơn đến ông Nishino Masahiko, người đã rất hiểu ý của các tác giả và cho ra những hình vẽ rất ngộ nghĩnh và dễ thương.

Tháng 2 năm 2000
Nishiguchi Koichi

Cùng với cuốn "Mina no Nihongo Shokyu I, Phiên bản 2, Bản chính", cuốn sách này có chỉnh sửa phần từ vựng, được xuất bản với tư cách là Phiên bản 2.

Tháng 2 năm 2014
3A Corporation

はじめに

　漢字を読んだり書いたりする能力を習得することは、漢字という文字に馴染みのない学習者にとって学習上の大きな障害となっています。そうした学習者には、日本語の表記システムはたいへん奇妙なものであり、漢字という文字は適当な直線と曲線と点でできた無秩序な図形のように見えます。ですから、学習者が、このような漢字や日本語の表記システムを見て、日本語を勉強するのを躊躇するのはもっともだと言えますし、また、一部の学習者が漢字の学習をあきらめて、日本語の会話だけを勉強しようとするのもある程度理解できます。確かに、日本語の書き言葉を習得するのはそれほど容易なことではありません。しかし、適切な方法で勉強すれば、一見して思うほどたいへんなことではありません。また、自分の言語とはまったく違う日本語の表記システムが分かり始めると、きっと言葉というものの不思議さやおもしろさを感じることでしょう。その昔ローマ人は「学問に王道なし」と言いました。しかし、学問には「適切な道」はあります。この漢字の本は皆さんをその適切な道に導いてくれます。この本で勉強すれば、漢字や漢字語などについていろいろなことを知りながら、楽しく漢字を含む日本語の読み書き能力を習得することができます。

　本書の出版にあたり有益な助言をくださり、忍耐強く繊細に編集の作業をしてくださったスリーエーネットワークの菊川綾子氏に執筆者を代表して深く感謝を申し上げます。また執筆者の意向をよく理解し、かわいいイラストに仕上げてくださった西野昌彦氏にも感謝の意を表します。

2000年2月　西口光一

　本書は『みんなの日本語 初級Ⅰ 第2版 本冊』の発行に伴い、語彙の見直しを行い、第2版として発行するものです。

2014年2月　スリーエーネットワーク

Hướng dẫn cách sử dụng

◇ ĐẶC ĐIỂM CUỐN SÁCH

Cuốn sách này được biên soạn như một cuốn tài liệu để học chữ Hán có trong giáo trình "みんなの日本語初級Ⅰ". Tuy nhiên, mục đích nhắm đến của cuốn sách không đơn thuần là học chữ Hán hay từ Hán*. Với cuốn sách này, người học không những được học các chữ Hán hay từ Hán đưa ra ở mỗi bài mà còn có thể luyện năng lực chữ Hán trình độ phổ thông và luyện kỹ năng về ngôn ngữ viết của tiếng Nhật.

Để nhớ chữ Hán, nhiều người cho rằng chỉ có cách viết từng chữ Hán hay từng từ Hán nhiều lần và học cho thuộc cách đọc. Thế nhưng, thực ra không phải như vậy. Ngoài ra, có nhiều tài liệu dạy và học chữ Hán được biên soạn dựa theo hệ thống chữ Hán nhưng cách này cũng không được cho là tốt lắm. Bởi vì, cái gọi là hệ thống chữ Hán chỉ là một hệ thống rất nhỏ lẻ trong tiếng Nhật, nếu theo cách đó người học sẽ bị gánh nặng do phải nhớ nhiều từ vựng mà người học không biết. Chúng tôi cho rằng, **phương pháp học chữ Hán và từ Hán hiệu quả nhất là học theo hình thức học trong các từ ngữ đã biết hoặc trong câu văn hay mạch văn quen thuộc kết hợp với việc hướng sự chú ý vào hệ thống chữ Hán và từ Hán**. Như thế, người học sẽ không chỉ nhớ được một số lượng chữ Hán và từ Hán nhất định mà còn hình thành cho người học các kỹ năng cơ bản trong Năng lực chữ Hán cấp độ phổ thông và giúp người học nâng cao kỹ năng viết tiếng Nhật. Phương pháp học này sẽ có tác dụng thúc đẩy việc học tiếng Nhật một cách rộng rãi và trở nên phổ biến hơn.

Theo như giải thích dưới đây, khi lựa chọn chữ Hán và từ Hán để đưa vào học, chúng tôi đã tham khảo các danh mục chữ Hán và các từ có trong sách giáo khoa và trong các kỳ thi Năng lực tiếng Nhật cũ ("Tiêu chuẩn ra đề thi năng lực tiếng Nhật" (1997, Quỹ Giao lưu quốc tế, Nhà xuất bản Bonjinsha). Vì vậy, cuốn sách này không chỉ là tài liệu học chữ Hán đi kèm của cuốn "みんなの日本語初級Ⅰ" mà còn **có thể sử dụng như một tài liệu học chữ Hán cơ sở trình độ phổ thông**.

* Từ Hán: là cách gọi chung chỉ những từ khi viết được viết bằng chữ Hán hoặc bằng chữ Hán kết hợp với chữ Hiragana.

◇ CHỮ HÁN VÀ TỪ HÁN ĐỐI TƯỢNG HỌC

Trong cuốn sách này, có **220 chữ Hán và 351 từ Hán** được chọn lựa làm đối tượng học. 351 từ Hán, trừ một số trường hợp ngoại lệ, đều là những từ có trong sách giáo khoa và trong danh mục từ vựng thuộc cấp độ 4 của Kỳ thi Năng lực tiếng Nhật. 220 chữ Hán là lượng chữ cần thiết để viết 351 từ Hán. Trừ 12 chữ Hán nêu ra ở mục dưới đây (Ngoại lệ 4) là trường hợp ngoại lệ thì 208 chữ Hán còn lại là những chữ Hán thuộc Cấp độ 3. Trong cuốn sách này, **ngoài số lượng 103 chữ Hán thuộc Cấp độ 4 (trình độ nhập môn hoặc trình độ nửa đầu của cấp độ ban đầu), trừ 2 chữ được nêu ra ở Ngoại lệ 5, thì chữ Hán thuộc Cấp độ 3 (trình độ ban đầu) là 284 chữ, chiếm 75%.**

Những trường hợp ngoại lệ
1. Những từ Hán là đối tượng học dưới đây không có trong sách giáo khoa nhưng có trong danh mục từ vựng Cấp độ 4 của Kỳ thi Năng lực tiếng Nhật.
    東，西，南，北，家，毎週，毎月，毎年，同じ，*今日，*今年，*今朝，*後ろ
    * Những từ Hán này được viết bằng chữ Hiragana trong sách giáo khoa nhưng trong cuốn sách này được viết bằng chữ Hán và là những từ Hán thuộc đối tượng học.

2. Những từ Hán đối tượng học dưới đây có trong sách giáo khoa nhưng không nằm trong danh mục các từ thuộc Cấp độ 4 của Kỳ thi Năng lực tiếng Nhật.
   会社員，銀行員，止める，高校，下ろします
3. Những chữ Hán đối tượng học dưới đây không có trong sách giáo khoa và cũng không có trong danh mục từ vựng thuộc Cấp độ 4 Kỳ thi Năng lực tiếng Nhật.
   小学校，中学校，小学生，中学生，高校生，大学生
4. Chữ Hán đối tượng học dưới đây là những chữ Hán thuộc Cấp độ 2 của Kỳ thi năng lực tiếng Nhật nhưng được quyết định lựa chọn làm đối tượng học.
   晩，達，利，鉄，降，閉，酒，寝，内，奥，部，窓
5. Hai chữ Hán dưới đây là những chữ Hán thuộc Cấp độ 4 theo cải chính một phần của cuốn "Tiêu chuẩn ra đề Kỳ thi Năng lực tiếng Nhật năm 2002. Chúng được đưa ra trong cuốn "みんなの日本語初級Ⅱ漢字".
   耳 (Thay đổi từ Cấp độ 2 thành Cấp độ 4), 空 (Thay đổi từ Cấp độ 3 thành Cấp độ 4)

◇ **SƠ LƯỢC VỀ CUỐN SÁCH**

Cuốn sách này bao gồm 3 phần chính và một phụ lục tham khảo đính kèm. Chúng tôi xin giải thích về mục đích và nội dung của từng phần như sau:

Phần I: Làm quen với chữ Hán

Mục đích của Phần 1 là nhằm giúp cho người học hiểu được **hệ thống ký tự trong tiếng Nhật** và **hình dạng chữ Hán với đặc điểm ý nghĩa**. Trong phần này, người học sẽ nắm được các loại chữ nào được dùng để viết Tiếng Nhật, trong đó chữ Hán có vai trò như thế nào? Ngoài ra, người học cũng sẽ được học một số đặc điểm quan trọng của loại chữ viết là chữ Hán.

Phần II: Các bài nhập môn

Trong Phần 2 này tập trung vào mặt hình dạng của chữ Hán. Kỹ năng mà người học có được khi học phần này sẽ là nền tảng cho năng lực nhận biết và viết chữ Hán.

Để viết được chữ Hán một cách chính xác và thành thục phải học **kỹ năng vận động tâm lý cố hữu của chữ Hán**. Nếu không có kỹ năng này thì trước hết là không thể viết được chữ Hán ở mức độ áp dụng vào thực tiễn và làm cho quá trình học chữ Hán lúc nào cũng vất vả. Thế nhưng, nếu nắm được kỹ năng vận động tâm lý nói trên thì việc viết hay nhận biết chữ Hán lại trở nên rất dễ dàng. **Các nét viết cơ bản của chữ Hán** (漢字のベーシック・ストローク), một trong các đặc điểm quan trọng nhất của cuốn sách này, được bố trí như là một bước chuẩn bị đặc biệt để học kỹ năng vận động tâm lý đó. Trong đó có 35 chữ Hán được lựa chọn là đối tượng học và được sắp xếp để hình thành kỹ năng vận động tâm lý đặc biệt bằng cách viết từng chữ một. **Hãy luyện tập 35 chữ Hán này từng chữ, từng chữ một cho đến khi nào bạn viết được một cách trơn tru và chuẩn xác!** Ngoài ra, trong quá trình học cuốn sách này, nếu cảm thấy vẫn khó khăn trong việc viết chữ Hán thì bạn hãy quay trở lại phần **Các nét chữ Hán cơ bản** và luyện tập viết lại từ đầu một lần nữa!

Phần còn lại của Phần 2 là phần **luyện tập nhận biết chữ Hán**. Trong lúc luyện phần này, người học sẽ hiểu được kết cấu thông thường của chữ Hán, hiểu được các yếu tố cấu thành nên chữ Hán thông dụng và hình thành được năng lực nhận biết đúng chữ Hán.

Phần III: Các bài chính

Phần 3 này là phần trọng tâm của cuốn sách. Phần này bao gồm **4 bài ôn tập** có tiêu đề là 漢字忍者 (忍者 có nghĩa là ninja) được bố trí trong **20 unit** một và 5 bài một. Các chữ Hán và từ Hán đối tượng học được giới thiệu theo unit và thời gian thích hợp để học mỗi unit như sau:

Bao giờ thì học unit?

	Ở quãng nào của giáo trình みんなの日本語 初級Ⅰ học thì tốt?	Chữ Hán và từ Hán trong unit có ở bài nào của giáo trình?
Unit 1 — Unit 5	Sau Bài 5	Từ Bài 1 đến Bài 5
Unit 6 — Unit 10	Sau Bài 10	Từ Bài 6 đến Bài 10 hoặc trước đó
Unit 11 — Unit 12	Sau Bài 15	Từ Bài 11 đến Bài 15 hoặc từ trước đó.
Unit 13 — Unit 15	Sau Bài 20	Từ Bài 16 đến Bài 20 hoặc từ trước đó
Unit 16 Unit 17 Unit 18 Unit 19 Unit 20	Sau Bài 21 Sau Bài 22 Sau Bài 23 Sau Bài 24 Sau Bài 25	Bài 21 hoặc trước đó Bài 22 hoặc trước đó Bài 23 hoặc trước đó Bài 24 hoặc trước đó Bài 25 hoặc trước đó

Mỗi unit bao gồm 4 trang. Dưới đây xin giải thích từng trang.

Trang thứ nhất

Những chữ Hán cần phải học trong unit đó được nêu ra ở đầu trang. Những từ Hán thì được giới thiệu cùng với hình ảnh liên quan. Bạn hãy xem thật kỹ mối quan hệ giữa từ Hán và hình ảnh để tìm ra cách lý giải cũng như phương pháp nhớ chữ Hán và từ Hán.

Trang thứ hai và trang thứ ba: trang A và trang B của unit

Phân chia từ Hán ra làm hai trang để học. Các trang đều bao gồm 3 phần sau:

Ⅰ. 読み方(よみかた): Giới thiệu và luyện tập nhận biết chữ Hán và từ Hán

Ⅱ. 書き方(かきかた): Luyện cách viết chữ Hán

Ⅲ. 使い方(つかいかた): Luyện đọc từ Hán trong câu văn. Ở những từ Hán không thuộc đối tượng học của unit sẽ được viết chua cách đọc bên trên.

Trang cuối: 漢字博士 (博士 có nghĩa là tiến sỹ)

Trang này là phần tóm tắt hay ôn tập unit. Người học sẽ chủ yếu học về đặc điểm chữ Hán, các cách đọc khác nhau hoặc cấu trúc của từ Hán ghép hay cách sử dụng chữ Hán đã học trong câu văn, vv… Trong những trường hợp cần thiết, chúng tôi tổng quát từ Hán theo sơ đồ hình vẽ hoặc dùng những câu văn ngắn để luyện cách đọc từ Hán. Việc cố gắng viết ra thông tin bằng nhiều cách ở trang này là một trong những đặc trưng của cuốn sách. Ở những từ Hán không phải là đối tượng học của unit đó đều được viết chua cách đọc. Tuy nhiên, trong phần bài đọc (読み物) của cuốn sách này chỉ những từ Hán nào đến unit đó vẫn chưa được học mới được viết chua cách đọc.

Ở phần 漢字忍者, chúng tôi tóm tắt lại kiến thức về chữ Hán và từ Hán đã học của 5 unit. Những thông tin mà 漢字忍者 cung cấp là một phần nội dung quan trọng của cuốn sách này. Trong phần 漢字忍者, ngoài phần bài đọc (読み物) ra, tất cả các từ Hán không phải là đối tượng học của 5 unit đều được viết chua cách đọc.

Ở cuối cuốn sách là các bài kiểm tra (クイズ) ứng với hai mươi unit.

Phụ lục chữ Hán

Phần phụ lục tham khảo gồm có 220 chữ Hán, từ Hán bao hàm những chữ Hán này và các thông tin liên quan khác. Thứ tự các chữ Hán đối tượng học tương tự với thứ tự được đưa ra ở 20 unit trong Phần 3 của cuốn sách này. Ở các chữ Hán này, thứ tự đó được đánh theo số thứ tự chữ Hán. Hãy sử dụng Phụ lục chữ Hán để tham khảo thêm khi học các unit ở Phần 3. Phụ lục chữ Hán cũng có tác dụng đáng kể trong việc xác nhận lại, tổng kết hoặc mở rộng kiến thức về chữ Hán và từ Hán. Ở cuối Phụ lục chữ Hán có phần tra 351 từ Hán, các chữ Hán nằm trong các từ Hán đối tượng học được đánh số chung với số thứ tự chữ Hán.

◇ **CÁCH SỬ DỤNG CUỐN SÁCH**

Các unit ở Phần 3 không hoàn toàn để đáp ứng cho từng bài một trong "みんなの日本語初級Ⅰ". Bởi vì việc học chữ Hán thông dụng được bắt đầu sau khi người học đã học được một số bài trong giáo trình này. Vì vậy, trong thời gian đó, người học hãy học Phần 1 và Phần 2 của cuốn sách này. Bên cạnh đó, hãy bắt tay vào học Phần 3 **sau khi đã học đến Bài 5 của giáo trình hoặc hơn một chút**.

Bạn hãy học từ Unit 1 đến Unit 5 sau khi đã học đến Bài 5 của giáo trình và từ Unit 6 đến Unit 10 sau khi đã học xong từng bài một đến Bài 10, Unit 11 và Unit 12 sau khi học xong từng bài một đến Bài 15, từ Unit 13 đến Unit 15 sau khi học xong từng bài một đến Bài 20. Phần tiếp theo sau đó, bạn hãy đi từng unit một mỗi khi học xong một bài khóa. Việc này được hướng dẫn theo bảng **Bao giờ thì học unit?** của trang trước.

◇ **MỘT SỐ ĐIỀU CẦN LƯU Ý**

- Những từ Hán dưới đây trong sách giáo trình thì được viết bằng chữ Hán và chữ Hiragana theo phương pháp viết chính thống còn trong cuốn sách này ghi bằng chữ Hiragana.
  難しい→むずかしい，易しい→やさしい，（写真を）撮る→とる
- Các từ "そして (và, và nữa, và rồi)", "でも (thế nhưng)", "だから (vì vậy)" sử dụng tùy thích không liên quan đến việc có hay không xuất hiện trong sách giáo trình.
- Số thứ tự đánh số cho mỗi chữ Hán là kiểu đánh riêng của cuốn sách này để người học dễ dàng tham khảo, không cần phải ghi nhớ.

解　説

□　本書の特徴

　本書は「みんなの日本語初級Ⅰ」の漢字学習書として書かれたものです。しかし、本書の目指すところは、ただ単に同教科書に出てくる漢字や漢字語*を勉強するというものではありません。本書では、個々の漢字や漢字語を学習するだけでなく、一般的な漢字能力と日本語の書き言葉に関する技能の習得をも目指しています。

　漢字を覚えるためには、個々の漢字や漢字語を何回も何回も書いて、読み方を丸暗記するしかない、と考えている人が多いようです。でも、実はそんなことはないと思います。また、漢字というものの体系を基にして漢字の教材が作成されることがありますが、これもあまりいいやり方ではないと思います。というのは、漢字の体系というのはごく部分的な体系であり、またそうしたやり方でいくと、学習者に知らない単語をたくさん覚えさせるという負担を強いてしまいます。**漢字や漢字語はよく知っている言葉や馴染みのある文や文脈の中で学習し、それと並行して漢字や漢字語の体系にも注目するという形で勉強するのがもっとも有効な勉強法だ**と、わたしたちは思います。そのように勉強すれば、学習者は単に一定の数の漢字や漢字語を覚えるだけでなく、一般的な漢字能力の基礎力を形成することができ、また日本語の書き言葉の技能を伸ばすことができます。そして、そうした勉強法は広く日本語学習一般を促進するものとなります。

　以下に解説するように、学習漢字と学習漢字語の選択にあたっては、教科書と旧日本語能力試験の漢字と語彙のリスト（「日本語能力試験出題基準」(1994、国際交流基金、凡人社)）を相互に参照しました。そのため、本書は「みんなの日本語初級Ⅰ」の付属漢字教材としてだけでなく、**一般的な基礎漢字教材としても使うことができます。**

*漢字語 ＝ 表記する際に、漢字で書かれたり、漢字と補足的な平仮名で書かれたりする言葉を総称して漢字語と呼ぶ。

□　学習漢字と学習漢字語

　本書では、**220字の漢字、及び351語の漢字語**が学習事項として選ばれています。351の学習漢字語は、いくつかの例外を除き教科書で提示され、かつ日本語能力試験4級の語彙リストに提示されているものです。220の学習漢字はその351の学習漢字語を表記するために必要なものです。次頁に示された12字を例外として（例外4）、残りの208の学習漢字はすべて3級漢字です。本書では**103の4級漢字（入門レベル、あるいは初級前半）のうち例外5に挙げる2字を除くすべてと、284の3級漢字（初級レベル）の75%**がカバーされています。

＜例外＞
1．以下の学習漢字語は、教科書では勉強しませんが、日本語能力試験4級の語彙リストに提示されています。
　　　東、西、南、北、家、毎週、毎月、毎年、同じ、*今日、*今年、*今朝、*後ろ
　　*これらの漢字語は教科書では平仮名で書かれていますが、本書では漢字で書くこととし、学習漢字語としました。

2．以下の学習漢字語は、教科書で勉強しますが、日本語能力試験４級の語彙リストにはありません。

会社員、銀行員、止める、高校、下ろします

3．以下の学習漢字は、教科書でも勉強しませんし、日本語能力試験の４級の語彙リストにもありません。

小学校、中学校、小学生、中学生、高校生、大学生

4．以下の学習漢字は、日本語能力試験の２級漢字ですが、学習漢字としました。

晩、達、利、鉄、降、閉、酒、寝、内、奥、部、窓

5．以下の２字は2002年度の『日本語能力試験出題基準』一部改訂により４級漢字になりました。『みんなの日本語初級Ⅱ漢字』にはとりあげられています。

耳（２級から４級に変更）、空（３級から４級に変更）

☐　**本書の概要**

本書は、本冊の３部と付属の参考冊からなっています。以下に各部分の目的と内容を説明します。

第１部：Làm quen với chữ Hán（漢字への誘い）

第１部の目的は、**日本語の表記システムと漢字の字形と意味的な特徴**を学習者に理解させることです。この部分で学習者は、各種の文字を使って日本語がどのように表記されるか、またその中で漢字がどのような役割を果たしているかを学びます。さらに学習者は、漢字という文字のいくつかの重要な特徴も学びます。

第２部：Các bài nhập môn（入門レッスン）

第２部では、漢字の字形の側面に焦点を当てます。この部分の学習で学習者が習得する技能は、漢字を認識したり書いたりするための能力の基礎となります。

漢字を整然とスラスラと書けるようになるためには、**漢字固有の心理運動技能**を習得しなければなりません。そうした技能がないと、実際の役に立つ程度に漢字を書けるようにはまずなりませんし、漢字の勉強はいつまでたってもひどく骨の折れるものとなります。しかしながらそうした心理運動技能を習得すると、漢字を筆写したり認識したりすることが、とても楽になります。本書の最も重要な特徴の１つである**漢字のベーシック・ストローク**はそうした心理運動技能を習得するために特に準備されたものです。そこでは、35の漢字が学習素材として選ばれ、それらをひとつひとつ書いていくことで必要な心理運動技能が身につくように配列されています。**35の各漢字を、１つずつ滞りなくかつ正しい形に書けるようになるまで練習してください**。また、本書で学習を進めていて、漢字を書くのがむずかしいと感じたら、**漢字のベーシック・ストロークに戻って、もう一度書く練習をしてください**。

第２部の残りの部分は**漢字の認識練習**です。これらの練習で学習者は、漢字の一般的な構成としばしば使われる漢字の構成素を知り、漢字を正しく認識する能力を身につけることができます。

第3部：Các bài chính（本課）

　第3部が本書の中心的な部分となります。この部分は、20のユニットと5課毎に置かれている漢字忍者と呼ばれる4つの復習の課からなります。それぞれのユニットを勉強する適切な時期とユニットで扱われている学習漢字と学習漢字語を以下に示します。

ユニットをいつ勉強するか

	「みんなの日本語初級Ⅰ」のどのあたりで勉強するのがよいか	ユニットの学習漢字と学習漢字語は教科書のどの課に出ているか
ユニット1－ユニット5	第5課の後で	第1課から第5課
ユニット6－ユニット10	第10課の後で	第6課から第10課、あるいは、それより前
ユニット11－ユニット12	第15課の後で	第11課から第15課、あるいは、それより前
ユニット13－ユニット15	第20課の後で	第16課から第20課、あるいは、それより前
ユニット16 ユニット17 ユニット18 ユニット19 ユニット20	第21課の後で 第22課の後で 第23課の後で 第24課の後で 第25課の後で	第21課またはそれより前 第22課またはそれより前 第23課またはそれより前 第24課またはそれより前 第25課またはそれより前

　各ユニットは4ページあります。以下に各ページの説明をします。

第1ページ
　ページの一番上にそのユニットで勉強する学習漢字がすべて挙げられています。そして、学習漢字語が関連のあるイラストといっしょに提示されています。漢字語とイラストの関係をよく見て、漢字や漢字語を理解したり記憶したりするための手がかりを探してください。

第2ページと第3ページ：各ユニットのAページとBページ
　学習漢字語を2ページに分けて勉強します。各ページは次の3つの部分からなっています。
Ⅰ．読み方：学習漢字と学習漢字語の提示と認識練習
Ⅱ．書き方：学習漢字の書き方の練習
Ⅲ．使い方：例文の中で学習漢字語を読む練習をします。そのユニットの学習事項になっていない漢字語には振り仮名が振られています。

最後のページ：漢字博士
　このページはユニットのまとめや復習です。学習漢字の字形の特徴や異なる読み方、また熟語の構成や学習漢字語の語法などを主に学習します。漢字語を図式的にまとめたもの

や、漢字語の読み方を練習するための短い文章も、必要に応じて提示しています。このページでいろいろな工夫をして情報を提示しているところが、本書の際だった特徴の1つとなっています。そのユニットの学習事項になっていない漢字語にはすべて振り仮名が振られています。ただし読み物では、本書のそのユニットのところまででまだ勉強していない漢字語にのみ振り仮名が振られています。

漢字忍者では、それまでの5ユニットで勉強した漢字と漢字語の知識を整理しています。漢字忍者が提供する情報は本書の内容の重要な部分となっています。漢字忍者では、読み物以外では、それまでの5課で学習事項となっていない漢字語にはすべて振り仮名が振られています。

20の各ユニットに対応するクイズが巻末にあります。

参考冊

参考冊には、220の学習漢字と、それを含む漢字語と、その他の関連する情報が提示されています。学習漢字の順番は、本冊第3部の20のユニットで提出される順番と同じになっています。各漢字にはその順番で漢字番号が振られています。参考冊は、第3部のユニットを学習するときに参考にするような形で使ってください。参考冊は、漢字と漢字語の知識を確認したり、まとめたり、拡充したりするのにもたいへん役に立ちます。参考冊の末尾には、351の学習漢字語の索引があり、各学習漢字語に含まれる漢字が漢字番号といっしょに示されています。

☐　本書の使い方

第3部のユニットは「みんなの日本語初級Ⅰ」の課と1課ずつ対応しているわけではありません。というのは、通常漢字の学習は教科書の勉強が数課進んでから開始されるからです。ですから、その間に本書の第1部と第2部を勉強してください。そして、**教科書の第5課まであるいはさらにもう少し勉強してから、第3部の勉強を始めてください。**

ユニット1からユニット5は教科書の第5課まで勉強してから、そして、ユニット6からユニット10は第10課まで、ユニット11とユニット12は第15課まで、ユニット13からユニット15は第20課までそれぞれ終わってから勉強してください。そして、その後の部分は、1課進むごとに1ユニット勉強してください。このことは、前のページの「**ユニットをいつ勉強するか**」で、図式的に解説されています。

☐　注意

- 以下の漢字語は教科書では正書法に則って漢字と平仮名で書かれていますが、本書では平仮名で表記します。

　　難しい→むずかしい，易しい→やさしい，（写真を）撮る→とる
- 「そして」「でも」「だから」は教科書での出現の有無にかかわらず、自由に使うこととします。
- 漢字に付されている漢字番号は、本書独自のもので、参照の便宜のためのものです。漢字番号を覚える必要はありません。

目次
もくじ
Mục lục

Phần I: Làm quen với chữ Hán

漢字・ひらがな・カタカナ・Rōma-ji
かんじ
(Chữ Hán, chữ Hiragana, chữ Katakana, chữ La-tinh) ················ 3

漢字はどれですか(Đâu là chữ Hán?) ················ 4
かんじ

同じ漢字はどれですか(Những chữ Hán nào giống nhau?) ············ 5
おな かんじ

絵から漢字ができました(1)(Chữ Hán hình thành từ hình vẽ (1)) ··· 7
え かんじ

絵から漢字ができました(2)(Chữ Hán hình thành từ hình vẽ (2)) ··· 9
え かんじ

Phần II: Các bài nhập môn

漢字のベーシック・ストローク (Các nét viết cơ bản của chữ Hán) ···13
かんじ

漢字の読み方(Cách đọc chữ Hán)················17
かんじ よ かた

漢字を切る！(1)(Bổ chữ Hán! (1))················20
かんじ き

漢字を切る！(2)(Bổ chữ Hán! (2))················21
かんじ き

同じ形がありますか(Có chỗ nào giống nhau?)················23
おな かたち

Phần III: Các bài chính

ユニット 『みんなの日本語 初級Ⅰ』対応課 **Unit** Số bài trong giáo trình Mina no Nihongo	漢　字 （漢字番号） **Chữ Hán** (Số thứ tự chữ Hán)	ページ **Trang**
ユニット1 5課まで	日₁　月₂　火₃　水₄　木₅　金₆　土₇ 山₈　川₉　田₁₀	27
ユニット2 5課まで	一₁₁　二₁₂　三₁₃　四₁₄　五₁₅　六₁₆　七₁₇ 八₁₈　九₁₉　十₂₀　百₂₁　千₂₂　万₂₃　円₂₄	31
ユニット3 5課まで	学₂₅　生₂₆　先₂₇　会₂₈　社₂₉　員₃₀　医₃₁ 者₃₂　本₃₃　中₃₄　国₃₅　人₃₆	35
ユニット4 5課まで	今₃₇　朝₃₈　昼₃₉　晩₄₀　時₄₁　分₄₂　半₄₃ 午₄₄　前₄₅　後₄₆　休₄₇　毎₄₈　何₄₉	39
ユニット5 5課まで	行₅₀　来₅₁　校₅₂　週₅₃　去₅₄　年₅₅　駅₅₆ 電₅₇　車₅₈　自₅₉　転₆₀	43
漢字忍者　1		47

ユニット6 10課（か）まで	高 61　安 62　大 63　小 64　新 65　古 66　青 67 白 68　赤 69　黒 70	51
ユニット7 10課（か）まで	上 71　下 72　父 73　母 74　子 75　手 76　好 77 主 78　肉 79　魚 80　食 81　飲 82　物 83	55
ユニット8 10課（か）まで	近 84　間 85　右 86　左 87　外 88　男 89　女 90 犬 91	59
ユニット9 10課（か）まで	書 92　聞 93　読 94　見 95　話 96　買 97　起 98 帰 99　友 100　達 101	63
ユニット10 10課（か）まで	茶 102　酒 103　写 104　真 105　紙 106　映 107　画 108 店 109　英 110　語 111	67
漢字忍者　2（かんじ にんじゃ）		71
ユニット11 15課（か）まで	送 112　切 113　貸 114　借 115　旅 116　教 117　習 118 勉 119　強 120　花 121	75
ユニット12 15課（か）まで	歩 122　待 123　立 124　止 125　雨 126　入 127　出 128 売 129　使 130　作 131	79

		頁
ユニット 13 20課（か）まで	明132 暗133 広134 多135 少136 長137 短138 悪139 重140 軽141 早142	83
ユニット 14 20課（か）まで	便143 利144 元145 気146 親147 有148 名149 地150 鉄151 仕152 事153	87
ユニット 15 20課（か）まで	東154 西155 南156 北157 京158 夜159 料160 理161 口162 目163 足164 曜165	91
漢字忍者（かんじ にんじゃ） 3		95
ユニット 16 21課（か）まで	降166 思167 寝168 終169 言170 知171 動172 同173 漢174 字175 方176	99
ユニット 17 22課（か）まで	図177 館178 銀179 町180 住181 度182 服183 着184 音185 楽186 持187	103
ユニット 18 23課（か）まで	春188 夏189 秋190 冬191 道192 堂193 建194 病195 院196 体197 運198 乗199	107
ユニット 19 24課（か）まで	家200 内201 族202 兄203 弟204 奥205 姉206 妹207 海208 計209	111

ユニット20 25課まで	部 210　屋 211　室 212　窓 213　開 214　閉 215　歌 216 意 217　味 218　天 219　考 220	115
漢字忍者　4		119
漢字忍者　解答　Đáp án phần 漢字忍者		135

クイズ　Các bài kiểm tra ……………………… 137
クイズ　解答　Đáp án các bài kiểm tra ……………………… 157

参考冊　**Phụ lục chữ Hán**
　　　　Chữ Hán và từ Hán đối tượng học
　　　　Bảng tra từ Hán đối tượng học

xvii

Phần I:
Làm quen với chữ Hán

漢字・ひらがな・カタカナ・Rōma-ji
かんじ

Chữ Hán, chữ Hiragana, chữ Katakana, chữ La-tinh

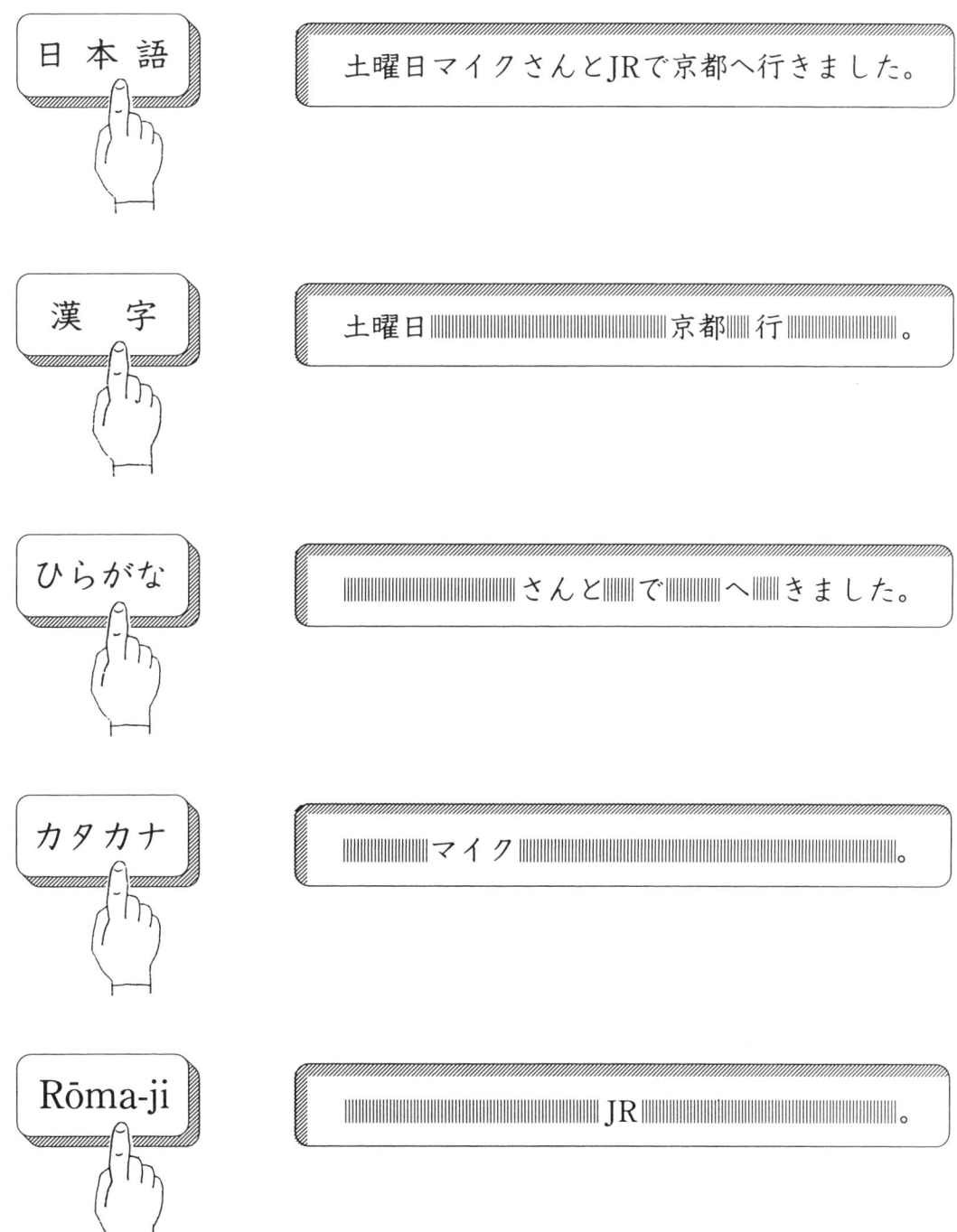

漢字はどれですか
かんじ

Đâu là chữ Hán?

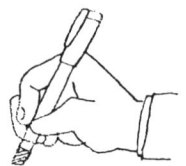

例： きのう**日本語**でレポートを**書**きました。

1. 日曜日の午後、いつもテニスをします。

2. 中国ではラジオで日本語を勉強しました。

3. 来月、新幹線で東京へ行きます。もう切符を買いました。

4. わたしは毎朝7時に喫茶店でコーヒーを飲みます。

5. それから、バスで会社へ行きます。

6. 仕事は忙しいですが、おもしろいです。

7. 12時に会社の食堂で昼ごはんを食べます。

8. 仕事が終わってから、会社の人といっしょに飲みに行きます。

9. お酒が好きです。

同じ漢字はどれですか
Những chữ Hán nào giống nhau?

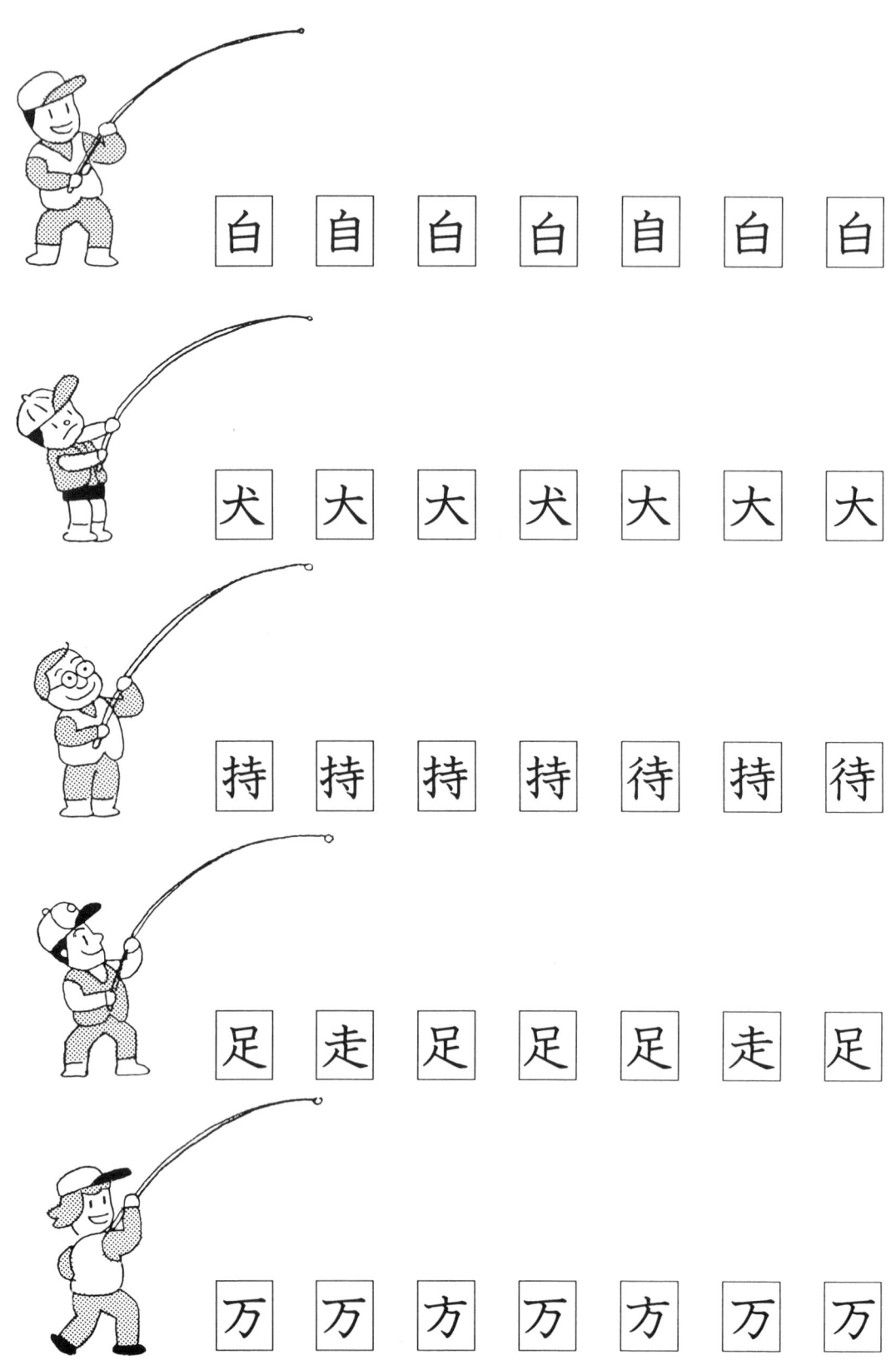

6―同じ漢字はどれですか

絵から漢字ができました (1)
Chữ Hán hình thành từ hình vẽ (1)

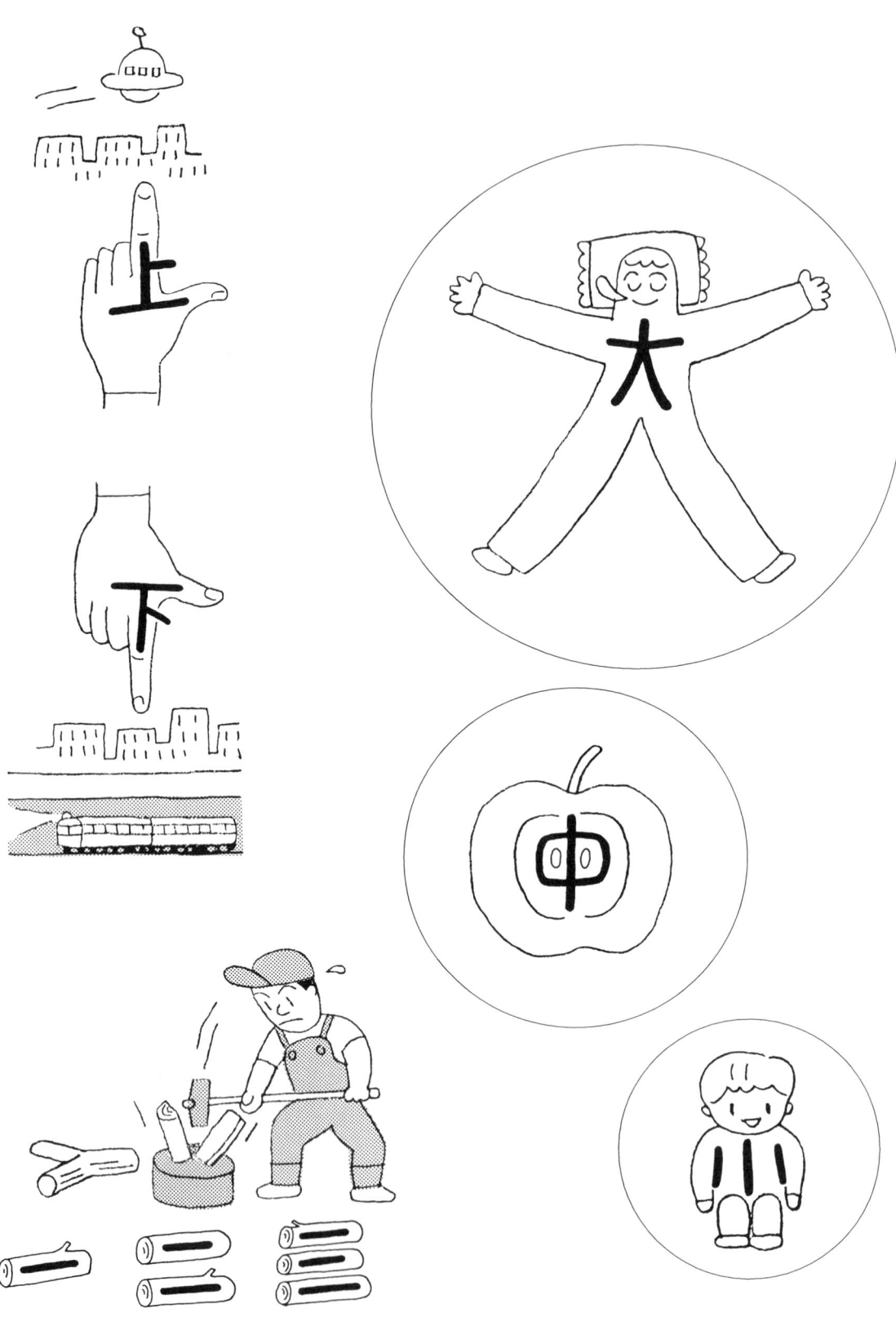

8―絵から漢字ができました

絵から漢字ができました（2）
Chữ Hán hình thành từ hình vẽ (2)

Phần II:
Các bài nhập môn

漢字のベーシック・ストローク
かんじ

Các nét viết cơ bản của chữ Hán

Ⅰ. 下の35の漢字を、すらすら正確に書けるようになるまで、何度も書く練習をしてください。(Hãy luyện viết nhiều lần 35 chữ Hán dưới đây cho đến khi viết được chính xác và thành thạo.)

Ⅱ. 下の漢字のことばを覚えてください。(Hãy ghi nhớ các từ có chữ Hán dưới đây:)

1. 一 十　　(Nét thẳng)

一 11	一

一　*một*
いち

二 12	一　二

二　*hai*
に

三 13	一　二　三

三　*ba*
さん

十 20	一　十

十　*mười*
じゅう

土 7	一　十　土

土曜日　*thứ bảy*
どようび

2. 口 日 田　　(Nét ngang gập)

口 162	｜　冂　口

口　*mồm*
くち

古 66	十　十　古　古

古い　*cũ*
ふる

日 1	｜　冂　日　日

日曜日　*chủ nhật*
にちようび

目 163	｜　冂　月　目

目　*mắt*
め

| 田 10 | 丶 | 冂 | 冊 | 田 |

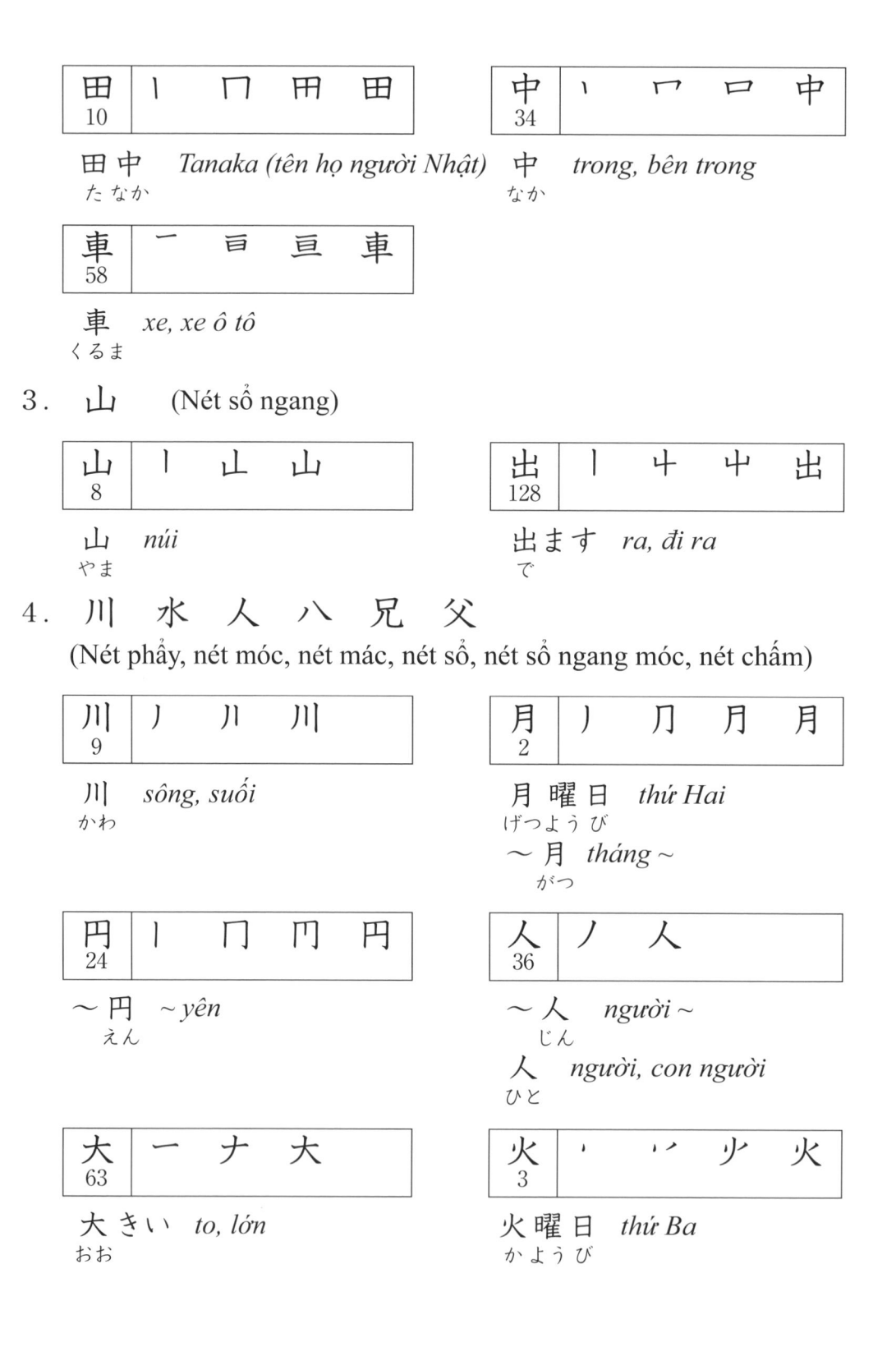

田中　Tanaka (tên họ người Nhật)
たなか

| 中 34 | 丶 | 冂 | 口 | 中 |

中　trong, bên trong
なか

| 車 58 | 一 | 曰 | 亘 | 車 |

車　xe, xe ô tô
くるま

3． 山　　(Nét sổ ngang)

| 山 8 | 丨 | 屮 | 山 |

山　núi
やま

| 出 128 | 丨 | 十 | 屮 | 出 |

出ます　ra, đi ra
で

4． 川　水　人　八　兄　父
　　　(Nét phẩy, nét móc, nét mác, nét sổ, nét sổ ngang móc, nét chấm)

| 川 9 | 丿 | 刂 | 川 |

川　sông, suối
かわ

| 月 2 | 丿 | 刀 | 月 | 月 |

月曜日　thứ Hai
げつようび

〜月　tháng 〜
がつ

| 円 24 | 丨 | 冂 | 冂 | 円 |

〜円　〜yên
えん

| 人 36 | 丿 | 人 |

〜人　người 〜
じん

人　người, con người
ひと

| 大 63 | 一 | ナ | 大 |

大きい　to, lớn
おお

| 火 3 | 丶 | 丷 | 少 | 火 |

火曜日　thứ Ba
かようび

漢字のベーシック・ストローク

| 生 26 | ノ 　 ⺦ 　 牛 　 生 |

先生 thày giáo, cô giáo
せんせい

| 子 75 | 　 　 了 　 子 |

子ども trẻ con
こ

| 手 76 | 一 　 二 　 三 　 手 |

手 tay
て

漢字の読み方
かんじ　よ　かた
Cách đọc chữ Hán

「漢字のベーシック・ストローク」の35漢字＋四、五、六、七、九、曜、金
かんじ　　　　　　　　　　　　　　　　　　　　かんじ

下の漢字のことばを覚えるまで練習してください。
した　かんじ　　　　　　　　おぼ　　　　　　れんしゅう
（Hãy luyện những từ Hán sau cho đến khi thuộc lòng.）

1. 一　　二　　三　　四　　五
　　いち　に　　さん　し/よん　ご

　　六　　七　　八　　九　　十
　　ろく　しち/なな　はち　きゅう/く　じゅう

2. 30円　　　500円　　　7,000円　　　40,000円
　　さんじゅうえん　ごひゃく　　ななせん　　　よんまん

3. 1月　27日　　　4月　16日　　　10月　31日
　　いち　がつ　にじゅうしちにち　　し　　じゅうろく　　じゅう　さんじゅういち

4. 日曜日　　月曜日　　火曜日　　水曜日
　　にちようび　げつ　　　か　　　　すい

　　木曜日　　金曜日　　土曜日
　　もく　　　きん　　　ど

5. 5分　　10分　　15分　　20分　　30分
　　ごふん　じゅっぷん　じゅうごふん　にじゅっぷん　さんじゅっぷん

6. 口　　目　　手
　　くち　め　　て

　　口の中　　目の中　　手の中
　　　　なか

7. 車 本 水
   くるま ほん みず

   車の中　本の中　水の中
   　なか

8. 大きい口　大きい目　大きい手
   おお　くち　　　　め　　　　　て

   小さい口　小さい目　小さい手
   ちい

9. 東京　　日本　　東アジア
   とうきょう　にほん　ひがし

10. 日本人　　タイ人　　ブラジル人
    にほんじん

11. 田中さん　　山田さん
    たなか　　　やまだ

    田中先生　　山田先生
    　　せんせい

12. 山　川　木
    やま　かわ　き

13. 父 と 子ども
    ちち　　こ

14. あしたは土曜日です。　Ngày mai là thứ Bảy.
    　　　　どようび

15. 人が少ないです。　Có ít người.
    ひと　すく

16. 父は日本人です。 Bố tôi là người Nhật.
    ちち にほんじん

    わたしはアメリカ人です。 Tôi là người Mỹ.

17. 田中さんの車は大きいです。 Xe ô tô của anh Tanaka to.
    たなか くるま おお

    わたしの車は小さいです。 Xe ô tô của tôi nhỏ.
    ちい

18. レストランを出ます。 Chúng tôi rời nhà hàng.
    で

19. テレビを見ました。 Tôi đã xem ti vi
    み

20. 本を見てください。 Hãy nhìn vào sách nào!
    ほん み

漢字を切る！ （1）
かんじ き

Bổ chữ Hán! (1)

例*1. 休　　例2. 青
　れい　　　　　れい

1. 外

2. 好

3. 新

4. 花

5. 前

6. 駅

7. 電

8. 音

9. 行

10. 思

---

*例　Ví dụ
　れい

漢字を切る！（2）
かんじ き

Bổ chữ Hán! (2)

例1. 秋 :

例2. 国 :

1. 校 :

2. 夜 :

3. 週 :

4. 同 :

5. 歩 :

6. 店 :
7. 図 :
8. 画 :
9. 旅 :
10. 窓 :
11. 間 :
12. 勉 :

同じ形がありますか
Có chỗ nào giống nhau?

例1. 体 ： 何 使 社

例2. 金 ： 会 分 今

1. 安 ： 学 家 字
2. 曜 ： 晩 明 服
3. 時 ： 待 帰 持
4. 近 ： 建 運 道
5. 元 ： 買 兄 先
6. 茶 ： 英 前 花
7. 間 ： 開 円 閉
8. 店 ： 広 右 度
9. 酒 ： 持 海 漢
10. 員 ： 買 魚 貸

Phần III:

Các bài chính

ユニット1

| 日 | 月 | 火 | 水 | 木 | 金 | 土 | 山 | 川 | 田 |

5月

日	月	火	水	木	金	土
	1	2	③	④	⑤	6
⑦	8	9	10	11	12	13
⑭	15	16	17	18	19	20
㉑	22	23	24	25	26	27
㉘	29	30	31			

山田です。
どうぞ
よろしく。

山川です。
どうぞ
よろしく。

1-A　日 月 火 水 木
　　　　　　　1　2　3　4　5

I. 読み方(よみかた)

1. 日曜日(にちようび)　月曜日(げつようび)　火曜日(かようび)　水曜日(すいようび)　木曜日(もくようび)

II. 書き方(かきかた)

日	丨	冂	日	日
月	丿	刀	月	月
火	丶	丷	少	火
水	亅	才	才	水
木	一	十	才	木

III. 使い方(つかいかた)

1. 今日(きょう)は月曜日です。あしたは火曜日です。

   あさっては水曜日です。木曜日はわたしの誕生日(たんじょうび)です。

2. 今日(きょう)は日曜日です。休(やす)みです。昼(ひる)、12時(じ)に起(お)きました。

   あしたは月曜日です。6時に起きます。

   月曜日から金曜日(きんようび)まで毎朝(まいあさ)6時に起きます。

3. A：火曜日に大阪(おおさか)デパートへ行(い)きます。

   B：大阪デパートは火曜日、休(やす)みですよ。

1-B　　　金　土　山　川　田
　　　　　　　6　7　8　9　10

I. 読み方

1. 金曜日　土曜日
2. 山田さん　山川さん　田中さん　中川さん

II. 書き方

金	ノ	人	今	全	余	金	金
土	一	十	土				
山	丨	凵	山				
川	ノ	丿	川				
田	丨	冂	田	田	田		

III. 使い方

1. わたしは山田です。IMCの社員です。

2. 月曜日から金曜日まで働きます。土曜日と日曜日は休みです。

3. あの方は山川さんです。中川さんの友達です。

4. 土曜日は山川さんの誕生日です。

   土曜日の午後、山川さんのうちへ行きます。

   田中さんと行きます。

5. A：金曜日、何時にうちへ帰りましたか。

   B：金曜日は帰りませんでした。土曜日の朝、帰りました。

ユニット1—29

1 漢字博士（はかせ）

I. タスク*

1. 田中さん　田口さん
　（　）なか　（た）ぐち
2. 山田さん　上田さん
　やま（　）　うえ（だ）

II. タスク：だれの手帳（てちょう）ですか。

月	アップル銀行
火	
水	
木	
金	3:00　IMC
土	みどり図書館
日	

月	さくら大学
火	アップル銀行
水	さくら大学
木	
金	さくら大学
土	みどり図書館
日	

月	東京
火	東京
水	
木	
金	3:00　8F会議室
土	
日	デパート

1.（　田中さん　）　2.（　　　　　）　3.（　　　　　）

田中さん：　月曜日にアップル銀行へ行きます。
　　　　　　金曜日の3時にIMCへ行きます。
　　　　　　土曜日にみどり図書館へ行きます。

山田さん：　月曜日に東京へ行きます。火曜日に帰ります。
　　　　　　金曜日の3時に8階の会議室へ行きます。
　　　　　　日曜日に家族とデパートへ行きます。

山川さん：　月曜日と水曜日と金曜日にさくら大学へ行きます。
　　　　　　火曜日にアップル銀行へ行きます。
　　　　　　土曜日にみどり図書館へ行きます。

---

*タスク　nhiệm vụ　　解答（かいとう）　câu trả lời　I. 1. た　2. だ　II. 2. 山川さん　3. 山田さん

ユニット 2

一二三四五六七八九十百千万円

やきとり 三〇〇円
さしみ 八〇〇円
ビール 五〇〇円
さけ 六〇〇円

つるや

みどり図書館

十二月二十八日から
一月五日まで
休みます
みどり図書館

カードサービスコーナー

500000円
0 1 2 3 4 5 6 7 8 9
取消 万 千 円 訂正

2-A　一　二　三　四　五　六　七
　　　　　　11　12　13　14　15　16　17

I. 読み方

1. 一（いち）　二（に）　三（さん）　四（し／よん）　五（ご）　六（ろく）　七（しち／なな）
2. 一月（いちがつ）　二月（にがつ）　三月（さんがつ）　四月（しがつ）　五月（ごがつ）　六月（ろくがつ）　七月（しちがつ）
3. 一日（ついたち）　二日（ふつか）　三日（みっか）　四日（よっか）　五日（いつか）　六日（むいか）　七日（なのか）
4. 一月一日（いちがつついたち）　三月三日（さんがつみっか）　五月五日（ごがついつか）　七月七日（しちがつなのか）

II. 書き方

一	一			二	一	二	
三	一	二	三	四	冂	四	四
五	丁	五	五	六	、	亠	六
七	一	七					

III. 使い方

1. 今日（きょう）は四月四日です。大学（だいがく）は六日まで休（やす）みです。

2. 六月に北海道（ほっかいどう）へ行（い）きます。五日から行きます。

3. 去年（きょねん）の三月六日に日本（にほん）へ来（き）ました。来月（らいげつ）の三日に国（くに）へ帰（かえ）ります。

4. 一月一日はどこも行（い）きませんでした。二日に京都（きょうと）へ行きました。

5. 山川（やまかわ）さんの誕生日（たんじょうび）は七月七日です。七日の晩（ばん）、山川さんのうちへ行（い）きます。

2-B 八 九 十 百 千 万 円
　　　　　18　19　20　21　22　23　24

I. 読み方(よみかた)

1. 八(はち)　九(きゅう/く)　十(じゅう)
2. 百(ひゃく)　二百(にひゃく)　三百(さんびゃく)　四百(よんひゃく)　五百(ごひゃく)　六百(ろっぴゃく)　七百(ななひゃく)　八百(はっぴゃく)
3. 千(せん)　三千(さんぜん)　五千(ごせん)　六千(ろくせん)　七千(ななせん)　八千(はっせん)　九千(きゅうせん)　一万(いちまん)
4. 八月(はちがつ)　九月(くがつ)　十月(じゅうがつ)　十一月(じゅういちがつ)　十二月(じゅうにがつ)
5. 八日(ようか)　九日(ここのか)　十日(とおか)　十一日(じゅういちにち)　十四日(じゅうよっか)　二十日(はつか)　二十四日(にじゅうよっか)
6. 一円(いちえん)　十円(じゅうえん)　百円(ひゃくえん)　千円(せんえん)　一万円(いちまんえん)　百万円(ひゃくまんえん)

II. 書き方(かきかた)

八	ノ 八	九	ノ 九
十	一 十	百	一 百 百
千	ノ 二 千	万	一 フ 万
円	冂 冂 円		

III. 使い方(つかいかた)

1. A：このコンピューターは、いくらですか。

   B：<u>十七万円</u>です。

2. A：このワインは<u>九千円</u>です。これは<u>千九百円</u>です。

   B：千九百円のをください。

ユニット 2—33

2 漢字博士
はかせ

I. まとめ*

1.　　　　１２３４５

万	１００００	一万	いちまん
千	２０００	二千	にせん
百	３００	三百	さんびゃく
十	４０	四十	よんじゅう
一	５	五	ご

　　　　　　　一万二千三百四十五

2.　　　　６７８９０１

万	６７００００	六十七万	ろくじゅうななまん
千	８０００	八千	はっせん
百	９００	九百	きゅうひゃく
十	００		
一	１	一	いち

　　　　　　　六十七万八千九百一

II. タスク

1. 一月一日　　　（　いちがつついたち　）…　1月1日
2. 二月十四日　　（　　　　　　　　　　）…　2月14日
3. 三月三日　　　（　　　　　　　　　　）…　3月3日
4. 五月五日　　　（　　　　　　　　　　）…　5月5日
5. 七月七日　　　（　　　　　　　　　　）…　7月7日
6. 十二月二十五日（　　　　　　　　　　）…　12月25日
7. 　月　　日　　（　わたしの誕生日　　）…
　　　　　　　　　　　　　　たんじょうび

1. お正月　Tết Năm mới　2. バレンタインデー　Ngày lễ Valentine
　　しょうがつ
3. ひな祭り　Ngày lễ Búp bê Hina　4. 子どもの日　Ngày lễ Trẻ em
　　　　まつ　　　　　　　　　　　　　　　こ
5. 七夕　Lễ hội Tanabata (Lễ hội Ngưu lang Chức nữ)　6. クリスマス　Nô-en
　　たなばた

*まとめ Tóm tắt　解答 II. 2. にがつじゅうよっか　3. さんがつみっか
　　　　　　　　かいとう
4. ごがついつか　5. しちがつなのか　6. じゅうにがつにじゅうごにち

ユニット3

| 学 | 生 | 先 | 会 | 社 | 員 | 医 | 者 | 本 | 中 | 国 | 人 |

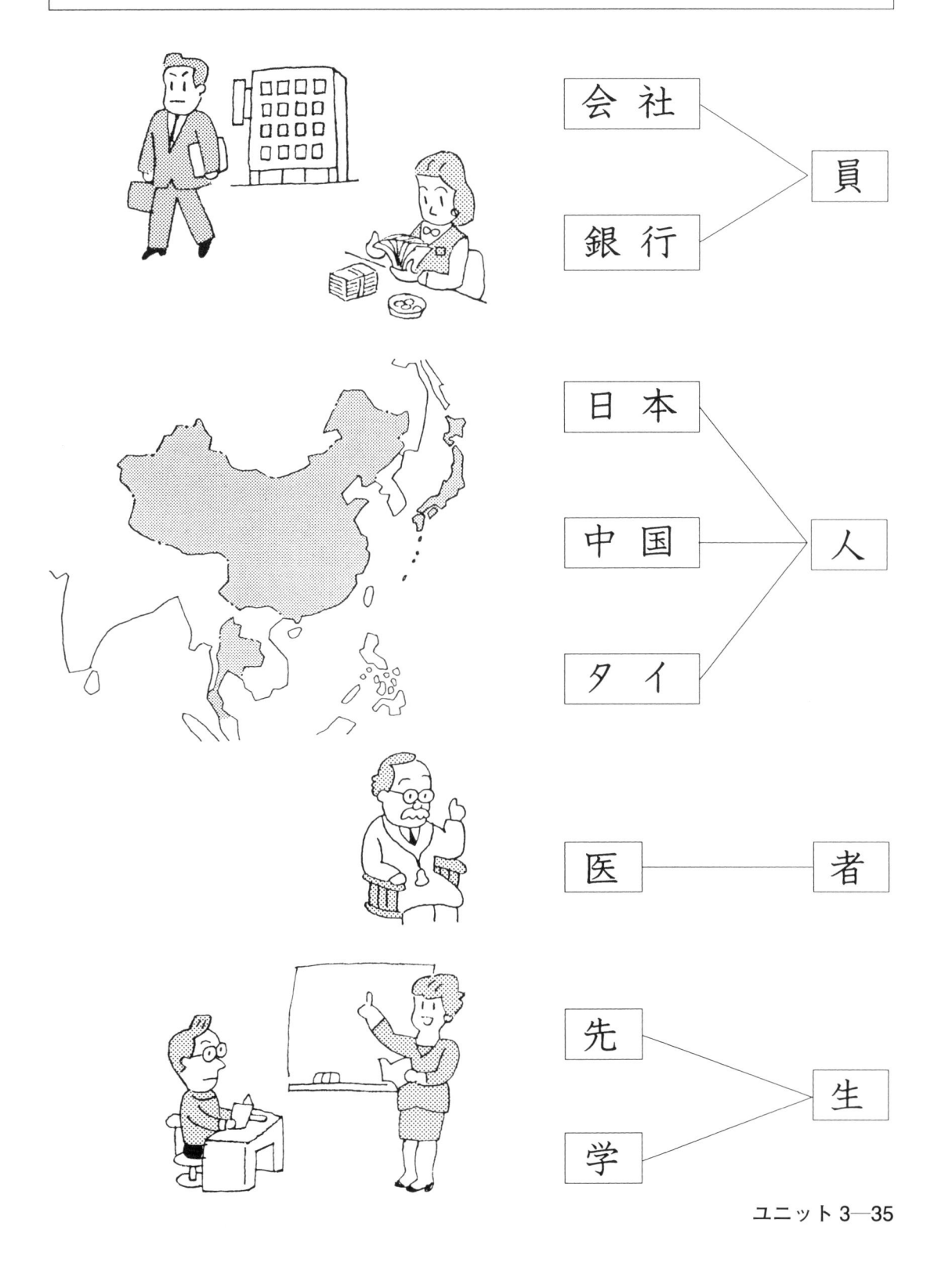

会社 ─┐
      ├─ 員
銀行 ─┘

日本 ─┐
中国 ─┼─ 人
タイ ─┘

医 ─── 者

先 ─┐
    ├─ 生
学 ─┘

3-A　　学生　先　会社員
　　　　　　25　26　27　28　29　30

I. 読み方(よみかた)

1. 学生(がくせい)　　さくら大学の学生(だいがく　がくせい)
2. 先生(せんせい)　　さくら大学の先生(だいがく　せんせい)
3. 先月(せんげつ)
4. 会社(かいしゃ)　　わたしの会社(かいしゃ)
5. 会社員(かいしゃいん)　　銀行員(ぎんこういん)

II. 書き方(かきかた)

学	゛	゛゛	゛゛゛	兴	学	学	学
生	ノ	⺌	牛	牛	生		
先	ノ	⺌	牛	生	先	先	
会	ノ	入	⺈	会	会	会	
社	丶	ラ	ネ	ネ	ネ	社	社
員	冂	口	冃	冒	冒	員	員

III. 使い方(つかいかた)

1. 山田(やまだ)さんは<u>会社員</u>です。山田さんの<u>会社</u>はコンピューターの会社です。

2. 田中(たなか)さんは<u>銀行員</u>です。山川(やまかわ)さんは日本語(にほんご)の<u>先生</u>です。田中さんと山川さんは友達(ともだち)です。

3. わたしはさくら<u>大学</u>の<u>学生</u>です。<u>先月</u>、中川(なかがわ)先生のうちへ行(い)きました。

3-B　医者　本　中　国　人
　　　　　　31　32　33　34　35　36

I. 読み方

1. 医者（いしゃ）
2. 本（ほん）　わたしの本（ほん）
3. 日本（にほん）
4. 田中（たなか）さん　中川（なかがわ）さん
5. 国（くに）　わたしの国（くに）
6. 中国（ちゅうごく）
7. あの人（ひと）　会社（かいしゃ）の人（ひと）
8. 日本人（にほんじん）　中国人（ちゅうごくじん）

II. 書き方

医	一	ｱ	ｦ	匸	尹	矢	医
者	十	土	耂	耂	者	者	者
本	一	十	才	木	本		
中	丶	冖	口	中			
国	丨	冂	冂	冂	国	国	国
人	ノ	人					

III. 使い方

1. A：お国はどちらですか。

    B：中国です。先月、日本へ来ました。

2. わたしは医者です。中国人です。

3. あの人は田中さんです。IMCの人です。

4. これはコンピューターの本です。中川さんの本です。

3 漢字博士(はかせ)

I．タスク

員　人　者　生

1. 会社 ＼
　　社(しゃ) ／ → 員

2. 医 ＼
　　研究(けんきゅう) ／ → □

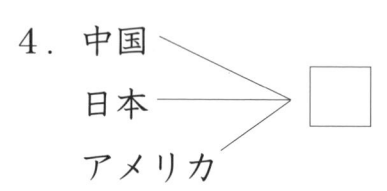

3. 先 ＼
　　学 ／ → □

4. 中国 ＼
　　日本 → □
　　アメリカ ／

II．タスク

1. 韓国　　　　　国際電話*¹⁾
　　かん(こく)　(こく)さいでんわ

2. 中(　国　)

3. お(　国　)　　わたしの　国(くに)

III．タスク

1. 3人*²⁾(にん)　2. あの　人(　　)　3. 日本　人(　　)

IV．タスク：毎日(まいにち)、どこへ行(い)きますか。

1. 先生　　・　　　　・a. 病院(びょういん)
2. 医者　　・　　　　・b. 大学
3. 学生　　・　　　　・c. 会社
4. 会社員　・

---

*¹⁾ 国際電話(こくさいでんわ)　điện thoại quốc tế　*²⁾ 3人(にん)　3 người　解答(かいとう) I．2. 者　3. 生　4. 人　II．2. ごく　3. くに　III．2. ひと　3. じん　IV．2. a　3. b　4. c

ユニット４

| 今 | 朝 | 昼 | 晩 | 時 | 分 | 半 | 午 | 前 | 後 | 休 | 毎 | 何 |

朝　　　　昼　　　　晩

午前8時45分〜午後7時
土・日 午前9時〜午後5時
（どにち）

すみません。今何時ですか。

8時半です。

4-A　今　朝　昼　晩　時　分　半
　　　　　37　38　39　40　41　42　43

I. 読み方

1. 今(いま)
2. 今日(きょう)　今週(こんしゅう)　今月(こんげつ)　今年(ことし)
3. 朝(あさ)　昼(ひる)　晩(ばん)
4. 今朝(けさ)　今晩(こんばん)
5. 1時(じ)　4時5分(じふん)　9時10分(じぷん)　10時半(じはん)

II. 書き方

今	ノ	人	今	今		
朝	一	十	吉	卓	朝	朝	朝
昼	フ	コ	尸	尺	尽	昼	昼
晩	日	日'	日"	晩	晩	晩	晩
時	日	日一	日十	昨	昨	時	時
分	ノ	八	分	分		
半	丶	ヾ	丷	半	半		

III. 使い方

1. 来週(らいしゅう)、中国(ちゅうごく)へ行(い)きます。月曜日(げつようび)の朝、行きます。

2. きのうの晩、10時に寝(ね)ました。今朝、4時半に起(お)きました。

3. 今、5時半です。今日、6時20分の新幹線(しんかんせん)で東京(とうきょう)へ行(い)きます。

4. 今月、毎晩(まいばん)10時まで働(はたら)きました。日曜日(にちようび)も働きました。

4-B 午前 後 休 毎 何
_{44 45 46 47 48 49}

I. 読み方

1. 午前　午前9時
2. 午後　午後4時
3. 休み　昼休み
4. 休みます
5. 毎日　毎週*¹⁾　毎月*²⁾　毎年*³⁾
6. 毎朝　毎晩
7. 何ですか　何の本ですか　何時ですか　何月何日ですか

II. 書き方

午	ノ	⼇	亠	午			
前	丶	丷	䒑	广	芇	前	前
後	ノ	彳	彳	伫	㣲	㣲	後
休	ノ	亻	仁	什	休	休	
毎	ノ	⼇	亇	勹	匂	毎	
何	ノ	亻	仁	仃	何	何	

III. 使い方

1. A：食堂は何時から何時までですか。

   B：午前11時から午後2時までです。

2. 今日、銀行へ行きます。会社は午後5時までです。銀行は午後3時までです。昼休みに銀行へ行きます。

3. 土曜日、どこも行きません。休みます。昼まで寝ます。

---

*¹⁾ 毎週　hàng tuần　　*²⁾ 毎月　hàng tháng　　*³⁾ 毎年　hàng năm

4 漢字博士
はかせ

Ⅰ. まとめ

	～年	～月	～週	～日	～朝	～晩
今～	今年	今月	今週	今日	今朝	今晩
毎～	毎年	毎月	毎週	毎日	毎朝	毎晩

Ⅱ. タスク

1. 5 分
   （ぷん）
2. 15 分（　）
3. 10 分（　）
4. 20 分（　）

Ⅲ. タスク

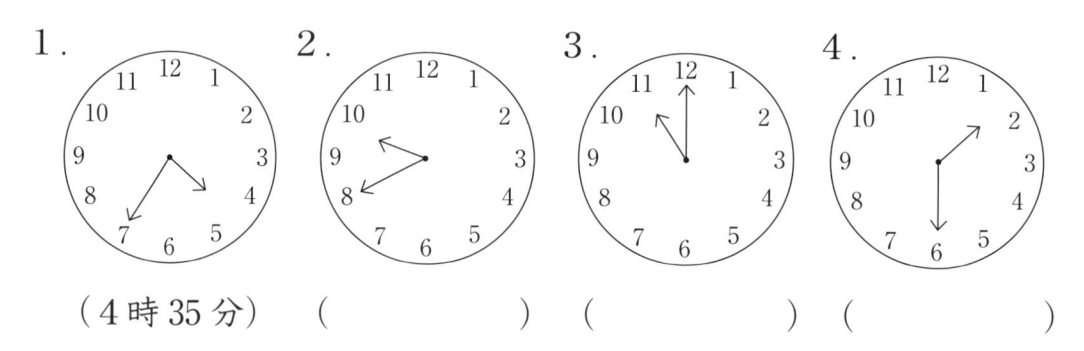

1. （4時35分）
2. （　）
3. （　）
4. （　）

Ⅳ. タスク

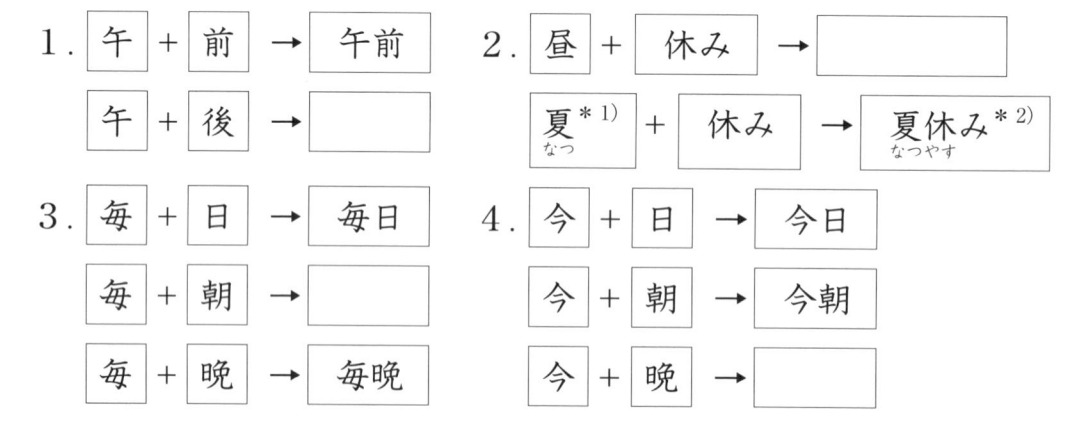

1. 午 + 前 → 午前
   午 + 後 →

2. 昼 + 休み →
   夏*1) + 休み → 夏休み*2)
   なつ　　　　　　　　なつやす

3. 毎 + 日 → 毎日
   毎 + 朝 →
   毎 + 晩 → 毎晩

4. 今 + 日 → 今日
   今 + 朝 → 今朝
   今 + 晩 →

---

*1) 夏 mùa hè　*2) 夏休み nghỉ hè　解答　Ⅱ. 2. ふん　3. ぷん　4. ぷん
なつ　　　　　　　　なつやす　　　　かいとう
Ⅲ. 2. 9時40分　3. 11時　4. 1時半／1時30分　Ⅳ. 1. 午後　2. 昼休み　3. 毎朝
4. 今晩

ユニット5

| 行 来 校 週 去 年 駅 電 車 自 転 |

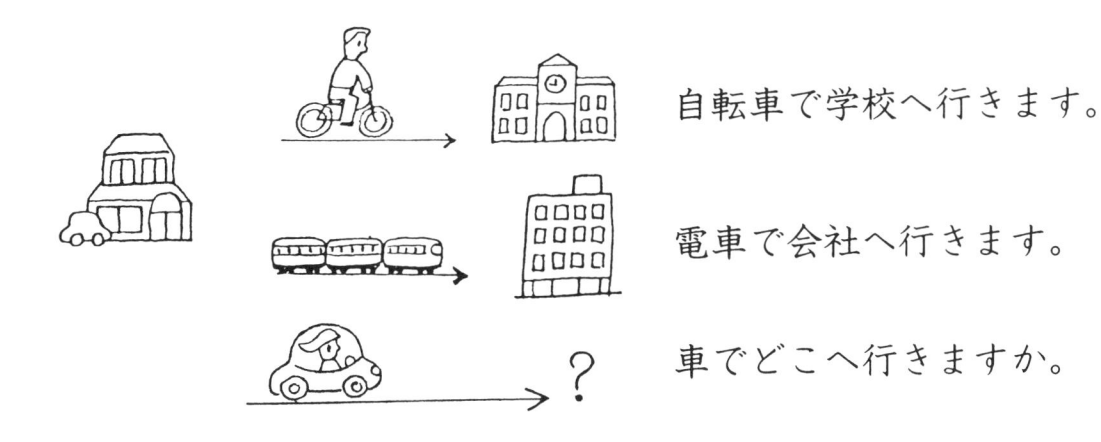

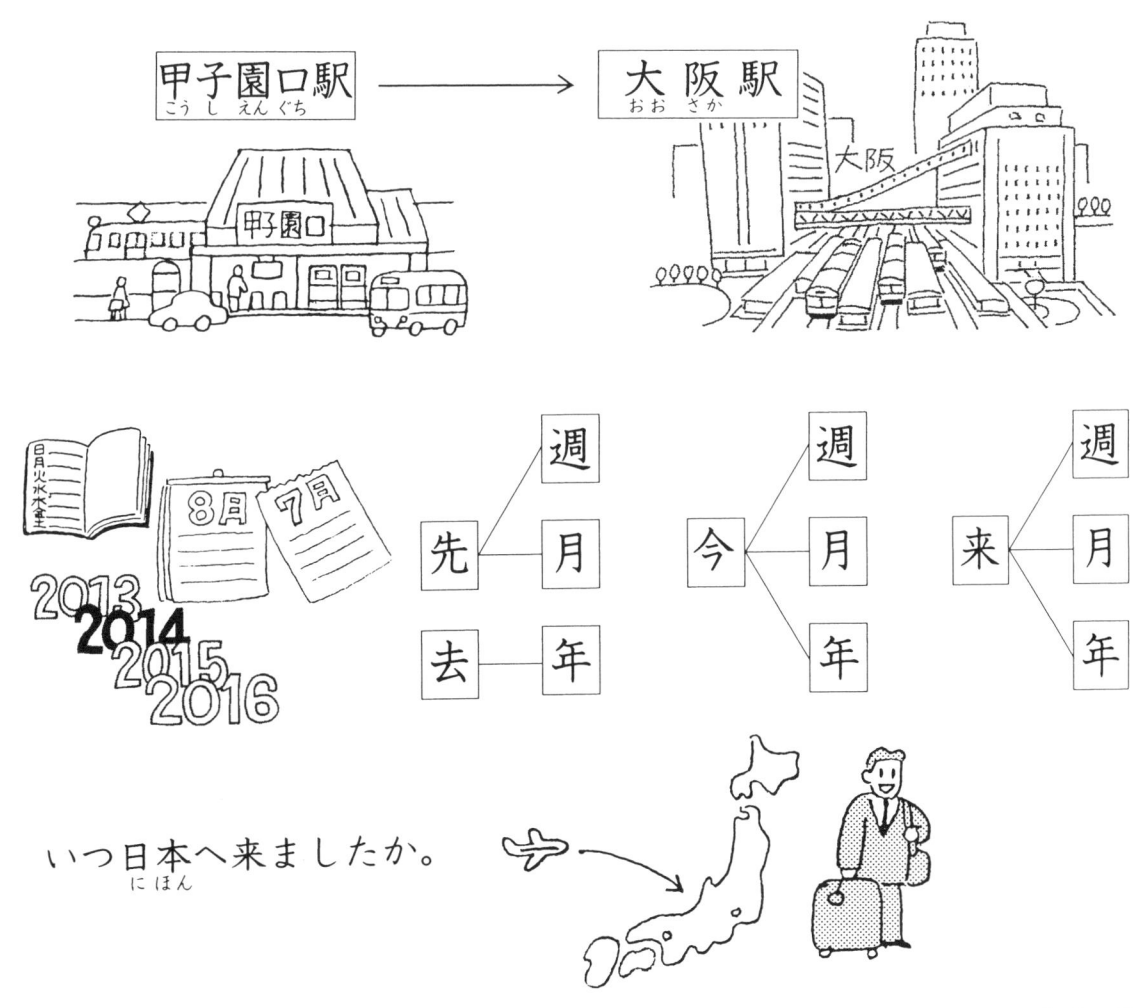

自転車で学校へ行きます。

電車で会社へ行きます。

車でどこへ行きますか。

甲子園口駅 ─→ 大阪駅
こうしえんぐち　　おおさか

先 ─ 週
先 ─ 月
去 ─ 年

今 ─ 週
今 ─ 月
今 ─ 年

来 ─ 週
来 ─ 月
来 ─ 年

いつ日本へ来ましたか。
　　にほん

5-A   行 来 校 週 去 年
         50 51 52 53 54 55

I. 読み方

1. 行きます　　銀行へ行きます
2. 来ます　　日本へ来ました
3. 学校　　学校へ行きます
4. 先週　　今週　　来週
5. 去年　　今年　　来年
6. 来週　　来月　　来年

II. 書き方

行	ノ	ク	イ	行	行	行
来	一	ㄇ	亚	平	来	来
校	十	木	栌	栌	栌	校
週	ノ	刀	月	周	周	週 週
去	一	十	土	去	去	
年	ノ	广	二	仁	宇	年

III. 使い方

1. ワンさんは中国人です。去年、日本へ来ました。

2. 今年は中国へ帰りませんでした。来年は帰ります。

3. 来月、日本へ行きます。来月から日本語学校の学生です。

4. 今週まで学校は休みです。来週から学校へ行きます。

5. 先週の日曜日、京都へ行きました。友達と電車で行きました。

　　わたしは大阪駅へ9時に行きました。友達は10時に来ました。

5-B　駅　電車　自転
　　　　　56　57　58　59　60

I. 読み方

1. 駅　東京駅
2. 電車
3. 自転車
4. 車

II. 書き方

駅	丨	⺁	⺁	馬	馬	馬	駅	駅
電	一	戸	币	雨	雨	雷	電
車	一	⺁	戸	戸	百	亘	車
自	′	亻	冂	白	自	自
転	一	亘	亘	車	軒	転	転

III. 使い方

1. A：あれは山田さんの車ですか。

   B：ええ。今日は車で来ました。

2. わたしは自転車で学校へ来ます。友達は電車で来ます。

3. 来週、東京へ行きます。新大阪駅まで地下鉄で行きます。

   東京駅まで新幹線で行きます。

4. わたしは日曜日、一人で京都へ行きました。電車で行きました。

   友達は日曜日、彼と京都へ行きました。車で行きました。

5 漢字博士
はかせ

I. タスク：読み方が違うのはどれですか。*1)

1. a. 今晩　　　b. 今週　　　ⓒ. 今
2. a. 来月　　　b. 来週　　　c. 来ます
3. a. 去年　　　b. 今年　　　c. 来年
4. a. 今月　　　b. 5月　　　c. 月曜日

II. タスク

1. 先　今　来　＋　週　→　先週　　今週　　□
2. 先　今　来　＋　月　→　□　　今月　　来月
3. 去　今　来　＋　年　→　去年　　□　　来年

III. タスク

1. あした、□ で 図書館(としょかん) へ行きます。
2. 毎朝(まいあさ)、電車 で □ へ行きます。
3. □、飛行機(ひこうき) で 日本(にほん) へ来ました。

自転車　　去年　　学校

IV. 読み物*2)

―――金曜日―――

　　ここは学校です。わたしはバスで来ます。友達(ともだち)は自転車で来ます。わたしたちの*3)先生は車で来ます。今、8時20分です。勉強(べんきょう)は8時半からです。今日、勉強は3時半までです。あしたは土曜日です。あした、山川さんと京都(きょうと)へ行きます。

---

*1) 読み方が違うのはどれですか。Cái nào có cách đọc khác?　　*2) 読み物 Bài đọc
*3) わたしたちの　của chúng tôi　解答　I. 2. c　3. b　4. b　II. 1. 来週　2. 先月　3. 今年
III. 1. 自転車　2. 学校　3. 去年

漢字忍者1
にんじゃ

I. タスク

例：
| 四百円　七千円　五万円 |

この時計は | 五万円 | です。
　とけい　　ごまんえん

1. | 火　水　日　月　年 |

今日は8 [ ] 25 [ ] です。[ ] 曜日です。
　　　　がつ　　　にち　　　すい

2. | 銀行員　会社員　学生　先生　医者 |

佐藤さんは [　　　　] です。ワットさんは [　　　　]
さとう　　　かいしゃいん　　　　　　　　　　　せんせい

です。カリナさんは [　　　　] です。
　　　　　　　　　　がくせい

3. | 月　日　時　分　今 |

A：[ ] 、何時ですか。
　　いま

B：12 [ ] 15 [ ] です。
　　　　じ　　　ふん

4. | 今日　今朝　今晩 |

あしたは休みです。　[　今晩　]　から彼女と 京都へ行きます。
　　　　　　　　　　こんばん　　　　かのじょ　きょうと

5. | 電車　自転車　車 |

毎日、学校へ行きます。駅まで　[　自転車　]　で行きます。
　　　　　　　　　　　　　　　　じてんしゃ

駅から　[　電車　]　で行きます。
　　　　　でんしゃ

6. | 去年　今年　来年 |

[　今年　]　の４月に日本へ来ました。
ことし

| 先週　今週　来週 |

[　来週　]　、中国へ帰ります。
らいしゅう　　　　かえ

Ⅱ．まとめ：漢字の 形 *1)
タスク：漢字を書いてください*2)。

1. 前　前　員　毎　去　学　電

   例：わたしは　毎　日、7時に起きます。

   1) ☐ 年 の6月に日本へ来ました。
      きょ　ねん

   2) ☐ 車 で会社へ行きます。
      でん　しゃ

   3) ☐ 校 は8時半から3時までです。
      がっ　こう

2. 晩　晩　休　行　後　朝　転

   1) 毎 ☐、11時に寝ます。
      まい　ばん

   2) 今日の午 ☐、東京へ ☐ きます。
      　　　　ご　ご　　とうきょう　　い

   3) 会社は日曜日、☐ みです。
      　　　　　　　　やす

---

*1) 形 cấu trúc　*2) 書いてください。　Hãy viết!
　　かたち　　　　　　か

Ⅲ．読み物

わたしはチャンです。先月、中国から来ました。今、さくら大学の学生です。

わたしは月曜日から金曜日まで大学へ行きます。自転車で行きます。午前、8時50分から12時まで勉強します。昼休みに友達と大学の食堂へ行きます。午後、1時から4時10分まで勉強します。

土曜日と日曜日は休みです。先週の土曜日、一人で図書館へ行きました。来週の日曜日、日本人の友達と山*へ行きます。

*山 núi

ユニット6

高 安 大 小 新 古 青 白 赤 黒

高いですね。

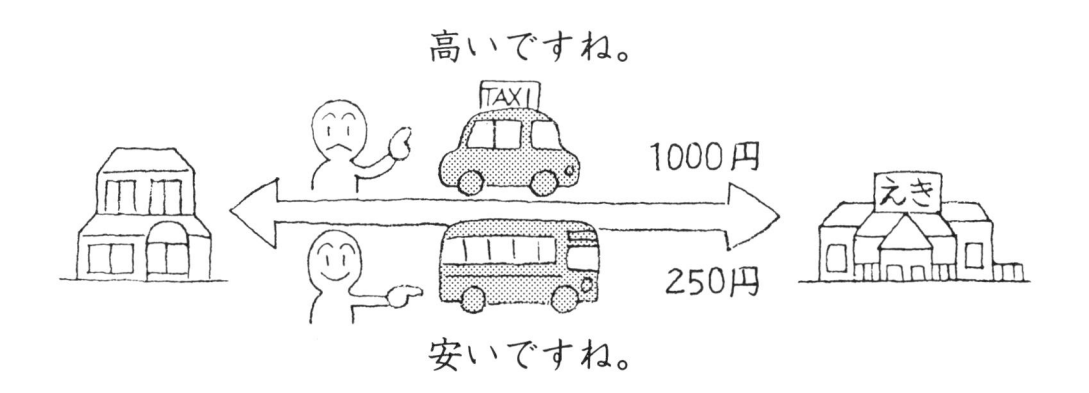

1000円

250円

安いですね。

大きいプレゼントをもらいました。　　小さいプレゼントをもらいました。

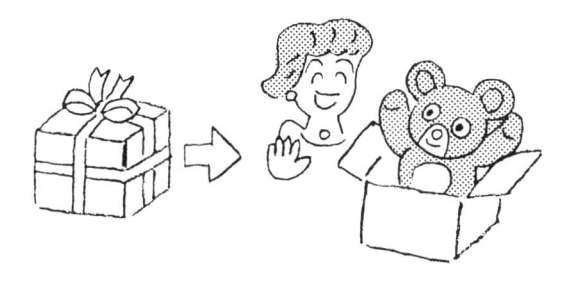

新しい 　　　　　　　　　　古い

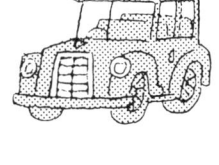

青い？　　白い？　　赤い？ 　　黒い？

6-A　　　高　安　大　小
　　　　　　61　62　63　64

I. 読み方

1. 高い山
2. 高いカメラ　安いカメラ
3. 大学　大学生＊
4. 大きい町　小さい町

II. 書き方

高	﹅	亠	宀	古	声	高	高
安	﹅	﹅	宀	安	安		
大	一	ナ	大				
小	亅	小	小				

III. 使い方

1. 大阪は大きい町です。高いビルがたくさんあります。

2. わたしの会社は20階と地下にレストランがあります。20階のレストランは高いです。地下のレストランは安いです。

3. 富士大学は小さい大学です。大学の食堂のコーヒーは安いです。

4. カリナさんは大学生です。毎日、車で大学へ行きます。

＊大学生　sinh viên đại học

6-B　新 古 青 白 赤 黒
　　　　　　65　66　67　68　69　70

I. 読み方

1. 新しいカメラ　　古いカメラ　　2. 新聞　　今日の新聞
3. 青いシャツ　　白いシャツ　　赤いシャツ　　黒いシャツ

II. 書き方

新	亠	立	亲	新	新	新	新
古	一	十	十	古	古		
青	一	十	十	丰	丰	青	青
白	ノ	イ	白	白	白		
赤	一	十	土	广	赤	赤	赤
黒	丶	日	甲	里	里	黒	黒

III. 使い方

1. イギリスの古い町へ行きました。そして、新しいかばんを買いました。安い飛行機で行きました。

2. 近くに古いうちがあります。今、6月です。庭に赤い花や青い花があります。黒い犬と白い猫がいます。

3. 駅で英語の新聞を買いました。

6 漢字博士
はかせ

Ⅰ. まとめ

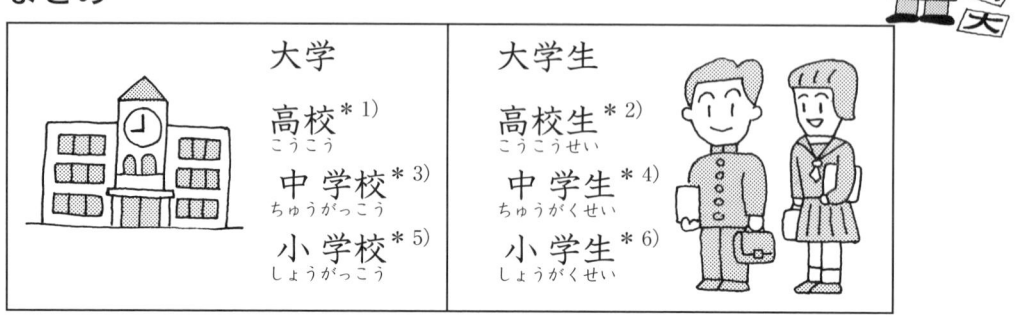

大学　　　　大学生
高校*1)　　　高校生*2)
こうこう　　こうこうせい
中学校*3)　　中学生*4)
ちゅうがっこう　ちゅうがくせい
小学校*5)　　小学生*6)
しょうがっこう　しょうがくせい

Ⅱ. タスク

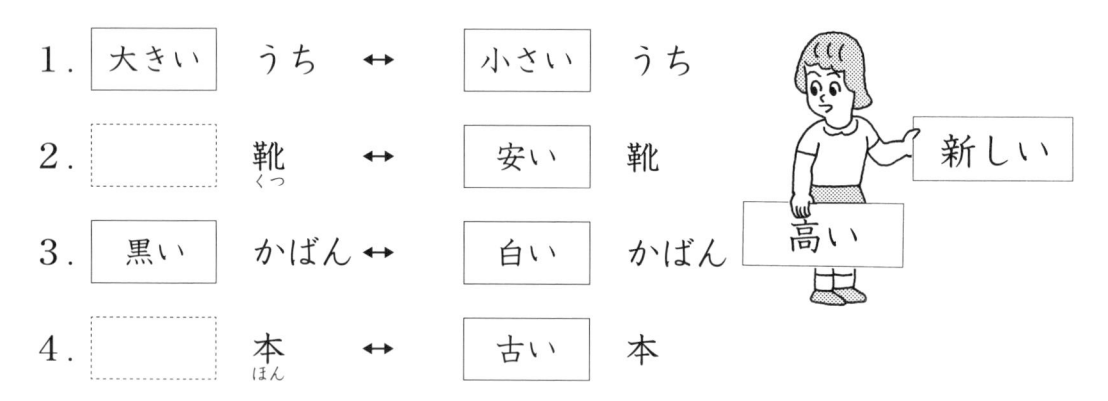

1. 大きい　うち　↔　小さい　うち
2. ☐　靴(くつ)　↔　安い　靴
3. 黒い　かばん　↔　白い　かばん
4. ☐　本(ほん)　↔　古い　本

新しい
高い

Ⅲ. タスク：同じ形*7)はどこにありますか。
おな　かたち

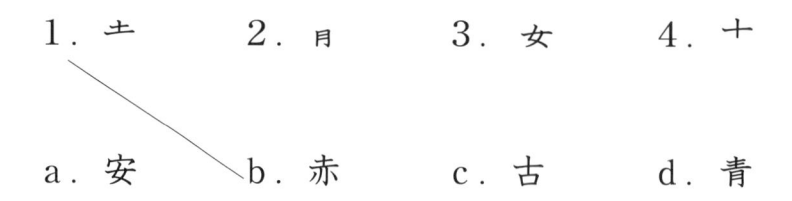

1. 土　　2. 月　　3. 女　　4. 十

a. 安　　b. 赤　　c. 古　　d. 青

---

*1) 高校 trường trung học phổ thông　*2) 高校生 học sinh trung học phổ thông
*3) 中学校 trường trung học cơ sở　*4) 中学生 học sinh trung học cơ sở
*5) 小学校 trường tiểu học　*6) 小学生 học sinh tiểu học　*7) 同じ形 hình dạng giống nhau

解答　Ⅱ. 2. 高い　4. 新しい　Ⅲ. 2. d　3. a　4. c
かいとう

ユニット7

上下父母子手好主肉魚食飲物

手の上

車の下
くるま

上手です。

下手です。

わたしはビールが好きです。
主人はワインが好きです。

父と母

7-A　上 下 父 母 子 手 好
　　　　71　72　73　74　75　76　77

I. 読み方（よみかた）

1. 机（つくえ）の上（うえ）　ベッドの下（した）
2. 父（ちち）　お父（とう）さん
3. 母（はは）　お母（かあ）さん
4. 子（こ）ども
5. 手（て）　大（おお）きい手（て）
6. 上手（じょうず）です　下手（へた）です
7. 好（す）きです
8. ○木（き）　大（おお）きい木（き）

II. 書き方（かきかた）

上	丨	ト	上			
下	一	T	下			
父	ノ	ハ	ク	父		
母	レ	口	口	母	母	
子	ヮ	了	子			
手	ノ	二	三	手		
好	く	タ	女	女	好	好

III. 使い方（つかいかた）

1. 木（き）の上（うえ）に子（こ）どもがいます。木（き）の下（した）に犬（いぬ）がいます。

2. 山田（やまだ）さんのお父（とう）さんは歌（うた）が下手（へた）です。でも、カラオケが好（す）きです。

3. 父（ちち）は料理（りょうり）が上手（じょうず）です。日曜日（にちようび）は母（はは）と料理（りょうり）をします。

4. お母（かあ）さんの手（て）は大（おお）きいです。わたしの手（て）は小（ちい）さいです。

○印は、そのユニットで導入する漢字（漢字番号のついたもの）を含まない漢字語につけてあります。

Dấu ○ được đánh dấu ở các từ Hán không bao gồm chữ Hán (có đánh số thứ tự) được giới thiệu trong unit đó.

7-B 主 肉 魚 食 飲 物
　　　　　78　79　80　81　82　83

I. 読み方

1. 主人（しゅじん）　山田さんのご主人（しゅじん）
2. 肉（にく）と魚（さかな）
3. パンを食（た）べます
4. ○何（なに）を飲（の）みますか
5. 物（もの）　好（す）きな物（もの）
6. 食（た）べ物（もの）　飲（の）み物（もの）
7. ○朝（あさ）ごはん　○昼（ひる）ごはん　○晩（ばん）ごはん
8. ○水（みず）　水（みず）を飲（の）みます

II. 書き方

主	丶	ニ	亠	主	主		
肉	丨	冂	内	内	肉	肉	
魚	丿	ク	勹	刍	鱼	魚	魚
食	人	스	今	今	仐	食	食
飲	丿	亽	今	刍	飠	飮	飲
物	丿	广	牛	牛	牜	牧	物

III. 使い方

1. 主人（しゅじん）は毎晩（まいばん）ビールを飲（の）みます。山田（やまだ）さんのご主人（しゅじん）はお酒（さけ）を飲（の）みません。

2. わたしは魚（さかな）が好（す）きです。肉（にく）は好きじゃありません。

3. 冷蔵庫（れいぞうこ）に飲（の）み物がたくさんあります。食（た）べ物はありません。

4. 大学（だいがく）の食堂（しょくどう）で昼（ひる）ごはんを食べます。安（やす）いです。

5. 今日（きょう）は暑（あつ）いです。冷（つめ）たい水（みず）をたくさん飲（の）みました。

7 漢字博士
はかせ

I. まとめ

食べます + 物	→	食べ物
飲みます + 物	→	飲み物
朝 + ごはん	→	朝ごはん
昼 + ごはん	→	昼ごはん
晩 + ごはん	→	晩ごはん

II. タスク

1. 朝ごはん を食べます　　2. コーヒー を飲みます

3. ＿＿＿ を飲みます　　4. ＿＿＿ を食べます

5. 魚 を食べます

水　　肉

III. 読み物

―― 楽しい土曜日

わたしは音楽（おんがく）が好きです。主人も音楽が好きです。主人は3歳（さい）からピアノ*を習（なら）いました。ピアノが上手です。きのう、友達（ともだち）にピアノのコンサートのチケットをもらいました。来週の土曜日、主人といっしょに行きます。そして、レストランで晩ごはんを食べます。それから、カラオケへ行きます。わたしは歌（うた）が下手ですが、カラオケが好きです。土曜日は楽（たの）しいです。

* ピアノ　đàn piano　解答（かいとう）　II. 3. 水　4. 肉

ユニット 8

| 近 間 右 左 外 男 女 犬 |

右に木(き)があります。

左に花(はな)があります。

男の人は外にいます。

男の人と女の人の間に犬がいます。

8-A 近 間 右 左
    84 85 86 87

I. 読み方(よみかた)

1. 近(ちか)く　近(ちか)くのスーパー
2. 間(あいだ)　本屋(ほんや)と花屋(はなや)の間(あいだ)
3. 時間(じかん)　時間(じかん)がありません
4. 右(みぎ)　左(ひだり)　ドアの右(みぎ)
5. ドアの○前(まえ)　いすの○後(うし)ろ

II. 書(か)き方(かた)

近	ノ	ィ	ド	乍	斤	䜣	䜣	近
間	l	ア	ア	ア	門	門	門	間
右	ノ	ナ	オ	右	右			
左	一	ナ	左	左	左			

III. 使(つか)い方(かた)

1. 駅(えき)の近(ちか)くにスーパーがあります。スーパーで肉(にく)と野菜(やさい)を買(か)います。近(ちか)くの魚屋(さかなや)で魚(さかな)を買(か)います。魚屋(さかなや)は本屋(ほんや)と花屋(はなや)の間(あいだ)にあります。大学(だいがく)の前(まえ)の本屋(ほんや)で本(ほん)を買(か)います。安(やす)いです。

2. 朝(あさ)、時間(じかん)がありません。だから*、朝(あさ)ごはんを食(た)べません。

3. ドアの右(みぎ)にスイッチがあります。テレビの上(うえ)です。

4. A：田中(たなか)さんの後(うし)ろの人(ひと)はだれですか。

   B：ミラーさんです。

＊だから　vì vậy

8-B　　外　男　女　犬
　　　　　　88　89　90　91

I. 読み方
1. 外（そと）　部屋（へや）の外（そと）
2. 男（おとこ）の人（ひと）　男（おとこ）の子（こ）
3. 女（おんな）の人（ひと）　女（おんな）の子（こ）
4. 犬（いぬ）　白（しろ）い犬（いぬ）
5. ○中（なか）　かばんの中（なか）

II. 書き方

外	ノ	ク	タ	夘	外		
男	丨	冂	囗	田	甲	男	男
女	く	夊	女				
犬	一	ナ	大	犬			

III. 使い方

1. うちの中に猫（ねこ）がいます。うちの外に犬がいます。

2. 外は寒（さむ）いです。だれもいません。

3. テレーザちゃんの先生（せんせい）は元気（げんき）な男の人です。

4. きのう、ミラーさんのうちへ行（い）きました。机（つくえ）の上（うえ）にきれいな女の人の写真（しゃしん）がありました。

5. あの女の子はテレーザちゃんです。あの男の子は太郎（たろう）ちゃんです。

8 漢字博士（はかせ）

Ⅰ．タスク

1. 前 ↔ 後ろ
2. ☐ ↔ 下（した）
3. 中 ↔ ☐
4. 男 ↔ ☐
5. ☐ ↔ 左
6. 近く ↔ 遠く*1)（とお）

女　　上（うえ）　　右　　外

Ⅱ．タスク

1. 鼻*2)（はな）は目*3)（め）と目の ☐ にあります。　（間　前　上（うえ））
2. 目（め）は鼻（はな）の 右 と ☐ にあります。　（下（した）　左　後ろ）
3. うちの ☐ に猫（ねこ）がいます。　（中　左　前）
4. 犬はうちの 外 にいます。　（中　外　下（した））
5. うちの ☐ に川（かわ）があります。　（前　上（うえ）　間）
6. うちの 後ろ に山（やま）があります。　（前　後ろ　中）

---

*1) 遠く（とお） xa　*2) 鼻（はな） mũi　*3) 目（め） mắt　解答（かいとう）Ⅰ．2. 上　3. 外　4. 女　5. 右
Ⅱ．1. 間　2. 左　3. 中　5. 前

ユニット 9

書 聞 読 見 話 買 起 帰 友 達

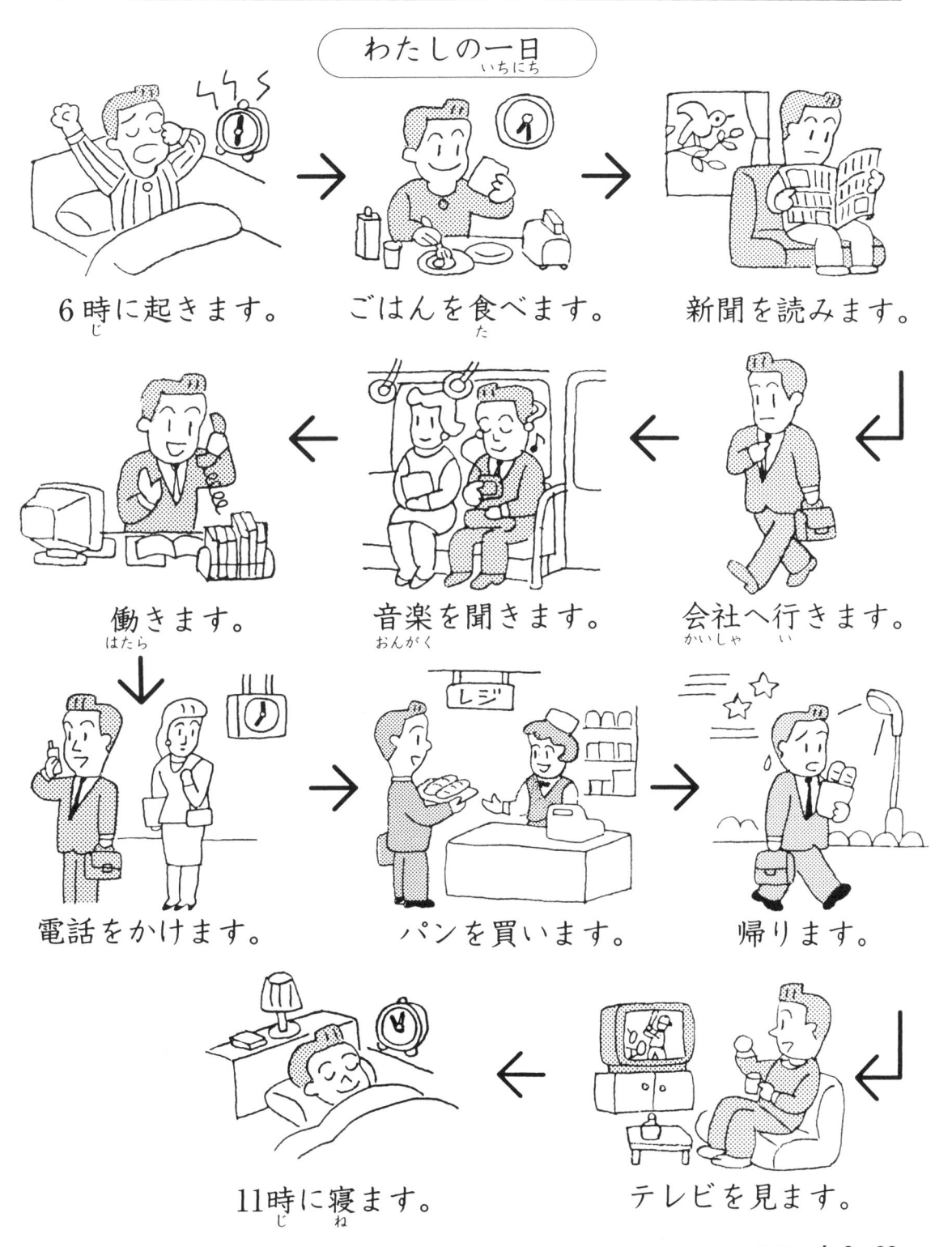

わたしの一日（いちにち）

6時(じ)に起きます。　ごはんを食(た)べます。　新聞を読みます。

働きます。(はたら)　音楽を聞きます。(おんがく)　会社へ行きます。(かいしゃ い)

電話をかけます。　パンを買います。　帰ります。

11時(じ)に寝(ね)ます。　テレビを見ます。

9-A　書　聞　読　見　話
　　　　　92　93　94　95　96

I. 読み方

1. 手紙を書きます　　2. CDを聞きます
3. 新聞を読みます　　4. テレビを見ます
5. 電話　電話をかけます

II. 書き方

書	フ	ヲ	ヨ	ヨ	聿	聿	書
聞	ア	ア	門	門	門	聞	聞
読	ニ	ミ	言	訁	訪	読	読
見	丨	冂	冃	月	目	貝	見
話	ニ	ミ	言	訁	計	訐	話

III. 使い方

1. 学生は毎週レポートを書きます。先生は毎月レポートを読みます。

2. 友達にCDを借りました。今晩、部屋でCDを聞きます。

3. A：きのうの新聞はどこですか。

　　B：テーブルの下にありますよ。

4. ワンさんは毎晩、国に電話をかけますから、お金がありません。

5. ミラーさんは毎晩、テレビを見ます。あまり新聞を読みません。

6. 日曜日に大阪城へ行きました。そして、桜の花を見ました。

9-B 買 起 帰 友 達

I. 読み方

1. パンを買います
2. 6時に起きます
3. 7時に帰ります
4. 友達　大学の友達
5. ○会います　友達に会います
6. ○時々

II. 書き方

買	冖	罒	罒	罒	罥	胃	買
起	土	扌	走	走	起	起	起
帰	｜	リ	リ゛	尸	帰	帰	帰
友	一	ナ	方	友			
達	土	耂	亠	幸	空	逹	達

III. 使い方

1. パソコンを買いました。そして、パソコンで絵をかきました。

2. きのう友達に会いました。そして、いっしょにお酒を飲みました。

3. 夜、11時にうちへ帰りました。

4. 今日は日曜日です。だから、10時に起きました。

5. 時々、駅でスポーツ新聞を買います。そして、電車の中で読みます。

9 漢字博士はかせ

Ⅰ．タスク

1. 駅えきで友達ともだちに ［会います］　　　　　（会います　買います）
2. スーパーで牛乳ぎゅうにゅうを ［　　　］　　　　（買います　会います）
3. 部屋へやで本ほんを ［　　　］　　　　　　　　（読みます　飲のみます）
4. 友達と映画えいがを ［　　　］　　　　　　　（見ます　読みます）
5. 毎朝まいあさ、6時じに ［　　　］　　　　　　　（起きます　書きます）
6. 8時じにうちへ ［　　　］　　　　　　　　（買います　帰ります）

Ⅱ．タスク

1. 言 + 売　［読］　　　本ほんを ［読］ みます
2. 言 + 舌　［話］　　　電 ［　］ をかけます
3. 門 + 耳　［　］　　　CD を ［聞］ きます
4. 罒 + 貝　［　］　　　カメラを ［買］ います
5. 辶 + 幸　［達］　　　友 ［　］ に会います
6. 走 + 己　［起］　　　7時じに ［　］ きます

Ⅲ．読よみ物もの

地震*¹⁾
じしん

　朝、ラジオで国の地震じしんのニュース*²⁾を聞きました。駅で新聞を買いました。電車の中で読みました。そして、国の友達に電話をかけました。それから、スーパーへ行きました。食べ物や飲み物を買いました。国に送おくりました。

---

*¹⁾ 地震じしん động đất　*²⁾ ニュース thời sự, tin tức　解答かいとう Ⅰ．2. 買います　3. 読みます　4. 見ます　5. 起きます　6. 帰ります　Ⅱ．2. 話　3. 聞　4. 買　5. 達　6. 起

ユニット 10

| 茶 酒 写 真 紙 映 画 店 英 語 |

この店でお茶を飲（の）みました。

それから、映画を見（み）ました。

そして、国（くに）の家族（かぞく）にメールで写真を送（おく）りました。

10-A

茶 酒 写 真 紙
102 103 104 105 106

I. 読み方

1. お茶（ちゃ）　　中国（ちゅうごく）のお茶（ちゃ）
2. お酒（さけ）　　日本（にほん）のお酒（さけ）
3. 写真（しゃしん）　　旅行（りょこう）の写真（しゃしん）
4. 紙（かみ）　　手紙（てがみ）

II. 書き方

茶	一	丷	艹	苁	苓	茶	茶
酒	氵	氵	沂	沔	洒	酒	酒
写	冖	冖	冖	写	写		
真	十	广	古	直	直	真	真
紙	纟	幺	糸	糽	紙	紙	

III. 使い方

1. わたしは中国（ちゅうごく）のお茶が好（す）きです。中国のお酒はあまり好きじゃありません。

2. 京都（きょうと）へ行（い）きました。そして、たくさん写真をとりました。パソコンで友達（ともだち）に京都の写真を送（おく）りました。

3. 絵（え）をかきます。白（しろ）い紙をください。

4. きのうは誕生日（たんじょうび）でした。子（こ）どもにプレゼントと手紙をもらいました。「お母（かあ）さん、いつもありがとう。」

10-B 映画 店 英語
107　108　109　110　111

I. 読み方

1. 映画（えいが）　アメリカ映画（えいが）
2. 店（みせ）　高い店（たかいみせ）　安い店（やすいみせ）
3. 英語（えいご）　中国語（ちゅうごくご）　日本語（にほんご）

II. 書き方

映	丨	日	旷	旷	映	映	映
画	一	丆	币	而	画	画	
店	丶	亠	广	广	庐	庐	店
英	一	十	艹	艹	芇	苎	英
語	丶	㐅	言	訂	評	語	語

III. 使い方

1. 日曜日（にちようび）に映画を見（み）ました。それから喫茶店（きっさてん）でお茶（ちゃ）を飲（の）みました。夜（よる）はフランス料理（りょうり）の店（みせ）で晩（ばん）ごはんを食（た）べました。

2. イギリスの映画を見（み）ます。英語の新聞（しんぶん）を読（よ）みます。英語の勉強（べんきょう）です。

3. ミラーさんは日本語で手紙（てがみ）を書（か）きます。日本語で電話（でんわ）をかけます。日本語で仕事（しごと）をします。ミラーさんは日本語が上手（じょうず）です。

10 漢字博士(はかせ)

I. タスク

1. (本　手紙　映画)　　[本 ／手紙]　を読(よ)みます
2. (手紙　本　写真)　　[　　　／　　]　を書(か)きます
3. (音楽(おんがく)　写真　映画)　[　　　／　　]　を見(み)ます
4. (お茶　店　お酒)　　[　　　／　　]　を飲(の)みます
5. (写真　映画　英語)　[写真／映画]　をとります

II. タスク：同(おな)じ形(かたち)はどれですか。

1. 映　時　　　　　（日）
2. 話　読　語　　　（　）
3. 茶　英　　　　　（　）

III. 読(よ)み物(もの)

――― お茶とお酒 ―――

　イギリスのお茶と中国のお茶は少し違(ちが)います。でも、どちらも*1)赤いです。日本のお茶は緑色(みどりいろ)*2)です。中国のお酒と日本のお酒も違います。中国のお酒は赤いですが、日本のお酒は赤くないです。

---

*1) どちらも　cái nào cũng　*2) 緑色(みどりいろ)　màu xanh lá cây　解答(かいとう)　I. 2. 手紙／本　3. 写真／映画　4. お茶／お酒　II. 2. 言　3. 艹

漢字忍者２
にんじゃ

Ⅰ．タスク

1. | 男の子　中　年　母　左　ご主人　前 |

   例：上　↔　下
   れい

   1) 外　↔　　　　　2) 右　↔
   3) 後ろ　↔　　　　4) 女の子　↔
   5) 父　↔　　　　　6) 奥さん　↔
   　　　　　　　　　　　おく

2. | 高い　古い　好きな　安い　小さい　上手な |

   1) 大きい　↔　　　　2) 高い　↔
   3) 新しい　↔　　　　4) 低い　↔
   　　　　　　　　　　　ひく
   5) 嫌いな　↔　　　　6) 下手な　↔
   　　きら

Ⅱ．まとめ：漢字の 形
　　　　　　かんじ　かたち

　　タスク：漢字を書いてください。
　　　　　　かんじ　か

1. 左　左　右　友　店　有　屋
　　　　　　　　　　148　211

   例：大学の近くに [有] 名 なレストランがあります。
   れい　だいがく　　　ゆう　めい

   1) きのう、[　] 達とフィリピンの映画を見ました。
   　　　　　　とも　だち

   2) わたしの車はあの木の [　] にあります。赤い車です。
   　　　　　　　　　　　　　みぎ

3) 今日は水曜日ですから、駅前*の□は休みです。
　　きょう　　すいようび　　　　えきまえ　　みせ　やす

2. 近 近 週 起 送 道 建
　　　　　　　112 192 194

1) わたしは先□、日本へ来ました。
　　　　　　せんしゅう　にほん　き

2) うちの□くに大きい本屋があります。
　　　　ちか　　　　　ほんや

3) わたしは毎朝、6時に□きます。
　　　　まいあさ　じ　　お

3. 間 間 円 聞 同 開 閉
　　　　　　　173 214 215

1) コーヒーは400□です。紅茶は350□です。
　　　　　　　えん　　こうちゃ　　えん

2) 音楽が好きです。毎晩、CDを□きます。
　おんがく　　　　まいばん　　　き

3) 時□がありませんから、タクシーで行きましょう。
　じ　かん　　　　　　　　　　い

*駅前　trước nhà ga
　えきまえ

Ⅲ．まとめとタスク

1．下のことば*¹⁾がわかりますか。

・食べ物＝肉、魚、野菜、果物、ごはん、パン、甘い物*²⁾、…
・飲み物＝水、お茶、紅茶、コーヒー、ジュース、ビール、…
・趣味*³⁾＝スポーツ、映画、音楽、写真、旅行、読書*⁴⁾、…

2．読んでください。

―― わたしの好きな物*⁵⁾ ――

　わたしは魚が大好き*⁶⁾です。毎日、食べます。そして、野菜と果物も好きです。でも、肉はあまり好きではありません。飲み物は日本のお茶が好きです。お酒も時々飲みます。ビールとワインが好きです。

　スポーツはサッカーが好きです。日曜日、時々サッカーをします。そして、映画も好きです。音楽も聞きます。特に*⁷⁾、アジア*⁸⁾の映画と音楽が好きです。

---

*¹⁾ ことば　từ　*²⁾ 甘い物　đồ ngọt　*³⁾ 趣味　sở thích, thú vui　*⁴⁾ 読書　đọc sách　*⁵⁾ わたしの好きな物　thứ tôi thích　*⁶⁾ 大好きな　rất thích　*⁷⁾ 特に　đặc biệt　*⁸⁾ アジア　châu Á

3．あなたは何が好きですか。

┌─────────────── わたしの好きな物 ───────────────┐
│   │
├──┤
│   │
├──┤
│   │
├──┤
│   │
├──┤
│   │
├──┤
│   │
└──┘

ユニット 11

送 切 貸 借 旅 教 習 勉 強 花

みどり図書館(としょかん)

貸します　借ります

習います　教えます

送ります

花

11-A　送 切 貸 借 旅
　　　　　112　113　114　115　116

I. 読み方(よみかた)

1. プレゼントを送(おく)ります
2. 肉(にく)を切(き)ります
3. 50円切手(えんきって)
4. 友達(ともだち)にCDを貸(か)します
5. 友達(ともだち)に本(ほん)を借(か)ります
6. 旅行(りょこう)　旅行(りょこう)します
7. お金(かね)　わたしのお金(かね)
8. １時間(じかん)　１時間半(じかんはん)
9. １日(にち)　１週間(しゅうかん)　１か月(げつ)　１年(ねん)

II. 書き方(かきかた)

送	゛	⺌	⺍	关	关	送	送
切	一	七	切	切			
貸	イ	仁	代	代	伐	貸	貸
借	イ	亻	世	供	借	借	借
旅	亠	ウ	方	扩	扩	旅	旅

III. 使い方(つかいかた)

1. 80円(えん)の切手(きって)を買(か)いました。友達(ともだち)に旅行(りょこう)の写真(しゃしん)を送(おく)ります。

2. ちょっとはさみを貸(か)してください。紙(かみ)を切(き)ります。

3. 先週(せんしゅう)、友達(ともだち)に旅行(りょこう)の本(ほん)を借(か)りました。そして、うちで読(よ)みました。

11-B　教　習　勉　強　花

I. 読み方

1. 日本語を教えます
2. 友達にパソコンを習います
3. 勉強　日本語を勉強します
4. 花　赤い花
5. ○外国　○外国人　○外国語

II. 書き方

教	土	⺧	孝	孝	孝	教	教
習	フ	ヲ	ヲ	羽	羽	習	習
勉	ク	夕	名	免	免	勉	勉
強	フ	コ	弓	弘	弘	強	強
花	一	十	丗	芒	犮	芢	花

III. 使い方

1. 兄はニューヨークで映画の勉強をしています。そして、日本語を教えています。

2. わたしは3週間、ダンスを習いました。でも、まだ下手です。

3. 今日は彼女の誕生日です。これからデパートへ花を買いに行きます。

4. パワー電気に外国人が9人います。

5. 山田さんのお兄さんは外国に住んでいます。

11 漢字博士（はかせ）

I. まとめ

五つ　二人

1	2	3	4	5	6
一 いち	二 に	三 さん	四 し／よん	五 ご	六 ろく
一つ ひと(つ)	二つ ふた(つ)	三つ みっ(つ)	四つ よっ(つ)	五つ いつ(つ)	六つ むっ(つ)
一人 ひとり	二人 ふたり	三人 さんにん	四人 よにん	五人 ごにん	六人 ろくにん

7	8	9	10	11	12
七 しち／なな	八 はち	九 きゅう／く	十 じゅう／とお	十一 じゅういち	十二 じゅうに
七つ なな(つ)	八つ やっ(つ)	九つ ここの(つ)	十 とお	十一 じゅういち	十二 じゅうに
七人 しちにん／ななにん	八人 はちにん	九人 きゅうにん／くにん	十人 じゅうにん	十一人 じゅういちにん	十二人 じゅうににん

II. タスク：ことばを作ってください。

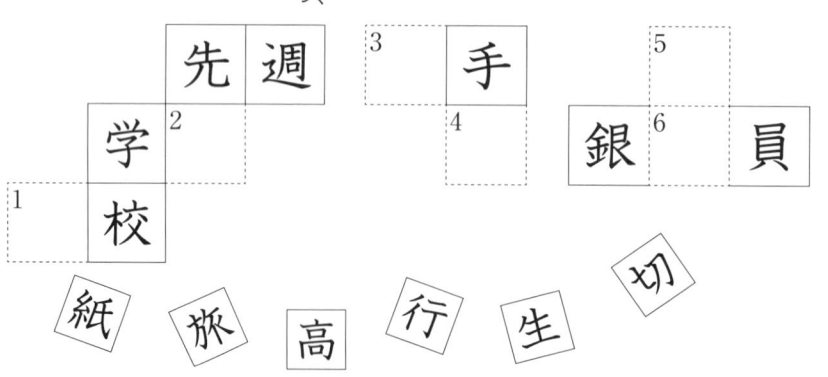

先週　学校　手　銀員

紙　旅　高　行　生　切

解答　II. 1. 高　2. 生　3. 切　4. 紙　5. 旅　6. 行

ユニット12

| 歩 待 立 止 雨 入 出 売 使 作 |

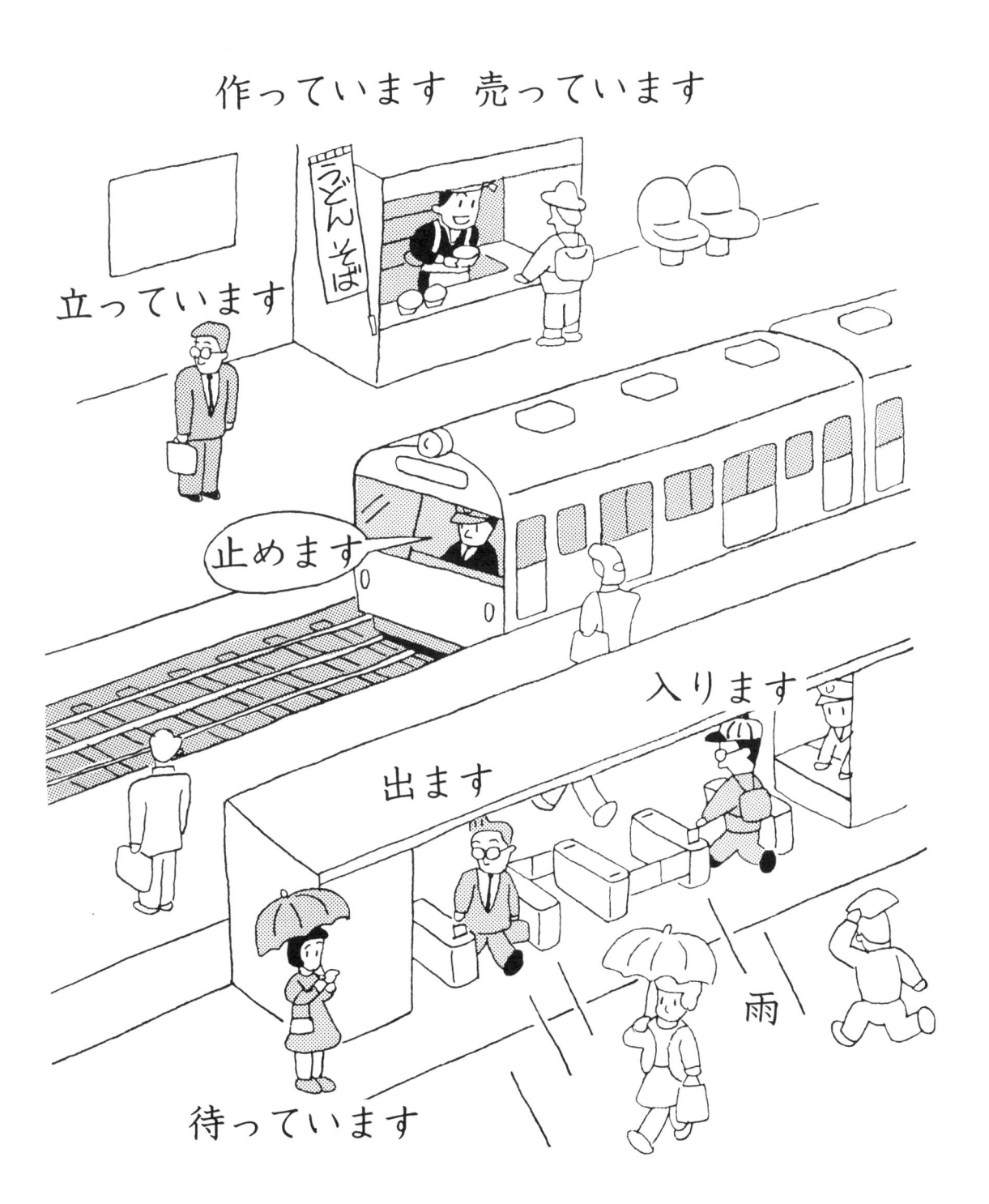

作っています　売っています

立っています

止めます

入ります

出ます

雨

待っています

12-A 歩 待 立 止 雨
_{122 123 124 125 126}

I. 読み方

1. 歩いて行きます
2. 友達を待ちます
3. 立ちます
4. 車を止めます
5. 雨　雨が降ります

II. 書き方

歩	⼁	⼞	⽌	⽌	歩	歩	歩
待	ノ	彳	彳	徃	徃	待	待
立	丶	亠	六	立	立		
止	⼁	⼞	⽌	止			
雨	一	厂	冂	帀	帀	雨	雨

III. 使い方

1. わたしは毎日、歩いて学校へ行きます。友達はバスで行きます。
2. 駅で1時間待ちました。でも、友達は来ませんでした。
3. スーパーの前に子どもが立っています。雨が降っています。お母さんは買い物をしています。
4. 駅の前に車を止めました。

12-B　入　出　売　使　作
　　　　　127　128　129　130　131

Ⅰ. 読み方

1. 店に入ります
2. 店を出ます
3. パソコンを売ります
4. パソコンを使います
5. 晩ごはんを作ります

Ⅱ. 書き方

入	ノ	入				
出	丨	屮	出	出		
売	一	十	丰	吉	声	売
使	ノ	亻	亻	乍	乍	使	使
作	ノ	亻	亻	乍	作	作

Ⅲ. 使い方

1. 友達とレストランに入りました。でも、何も食べませんでした。コーヒーだけ飲みました。そして、店を出ました。

2. 兄は古いパソコンを売りました。そして、新しいパソコンを買いました。

3. きのう、カレーを作りました。牛肉と野菜を使いました。とてもおいしかったです。

12 漢字博士(はかせ)

I. タスク

1. 友達(ともだち)を　　　　　・　　　　・ a. 入ります
2. パソコンを　　　　　　・　　　　・ b. 作ります
3. レストランを　　　　　・　　　　・ c. 売ります
4. レストランに　　　　　・　　　　・ d. 止めます
5. 車(くるま)を　　　　　　　・　　　　・ e. 出ます
6. 晩(ばん)ごはんを　　　　　・　　　　・ f. 待ちます

II. 読(よ)み物(もの)

買(か)い物(もの)

　先週の日曜日、大阪(おおさか)の日本橋(にっぽんばし)へパソコンを買いに行きました。雨が降(ふ)っていましたから、車で行きました。いちばん安い店は銀(ぎん)行(こう)の隣(となり)にありました。銀行の前で車を止めました。そして、店に入りました。店の人がたくさん立っていました。新しいパソコンを売っていました。パワー電気(でんき)のパソコンを買いました。少(すこ)し高かったです。でも、いちばんよかったです。月曜日の晩、パソコンでレポートを書きました。

解答(かいとう)　I. 2. c　3. e　4. a　5. d　6. b

ユニット 13

明 暗 広 多 少 長 短 悪 重 軽 早

明るい	暗い	広い	狭(せま)い
多い	少ない	長い	短い
いい人	悪い人	重い	軽い
早い	遅(おそ)い		

13-A　明　暗　広　多　少
　　　　　　132　133　134　135　136

I. 読み方

1. 明るい部屋　　暗い部屋　　2. 広い店
3. 人が多い　　人が少ない　　4. 少しタイ語がわかります

II. 書き方

明	丨	冂	日	日	明	明	明
暗	日	日'	日立	日产	旷	暗	暗
広	'	亠	广	広	広		
多	ノ	ク	夕	夕	多	多	
少	丨	小	小	少			

III. 使い方

1. きのう、レストランで晩ごはんを食べました。広くて、明るい店でした。でも、わたしはもう少し暗い店のほうが好きです。

2. 晩ごはんの前に、少しビールを飲みます。お酒が好きです。

3. 友達と花見に行きました。とてもきれいでした。でも、人が多かったです。

4. わたしの町は車が多くて、緑が少ないです。あまり好きじゃありません。

13-B 長 短 悪 重 軽 早

I. 読み方

1. 長い手紙　　短い手紙
2. 悪い友達
3. 重いかばん　　軽いかばん
4. 時間が早い　　早く帰ります
5. ○強いお酒

II. 書き方

長	丨	厂	斤	턴	長	長	長
短	ﾉ	上	矢	矢	知	短	短
悪	一	亖	亜	亜	亜	悪	悪
重	一	二	千	亓	旨	重	重
軽	一	日	亘	車	軒	軽	軽
早	丨	口	日	日	旦	早	

III. 使い方

1. わたしは髪が長いです。姉は短いです。どちらが好きですか。

2. わたしのパソコンは調子が悪いです。新しいパソコンを買わなければなりません。

3. このかばんは少し重いです。旅行の前に、もう少し軽いかばんを買いたいです。

4. 今日は妻の誕生日ですから、早く帰ります。

13　漢字博士（はかせ）

タスク

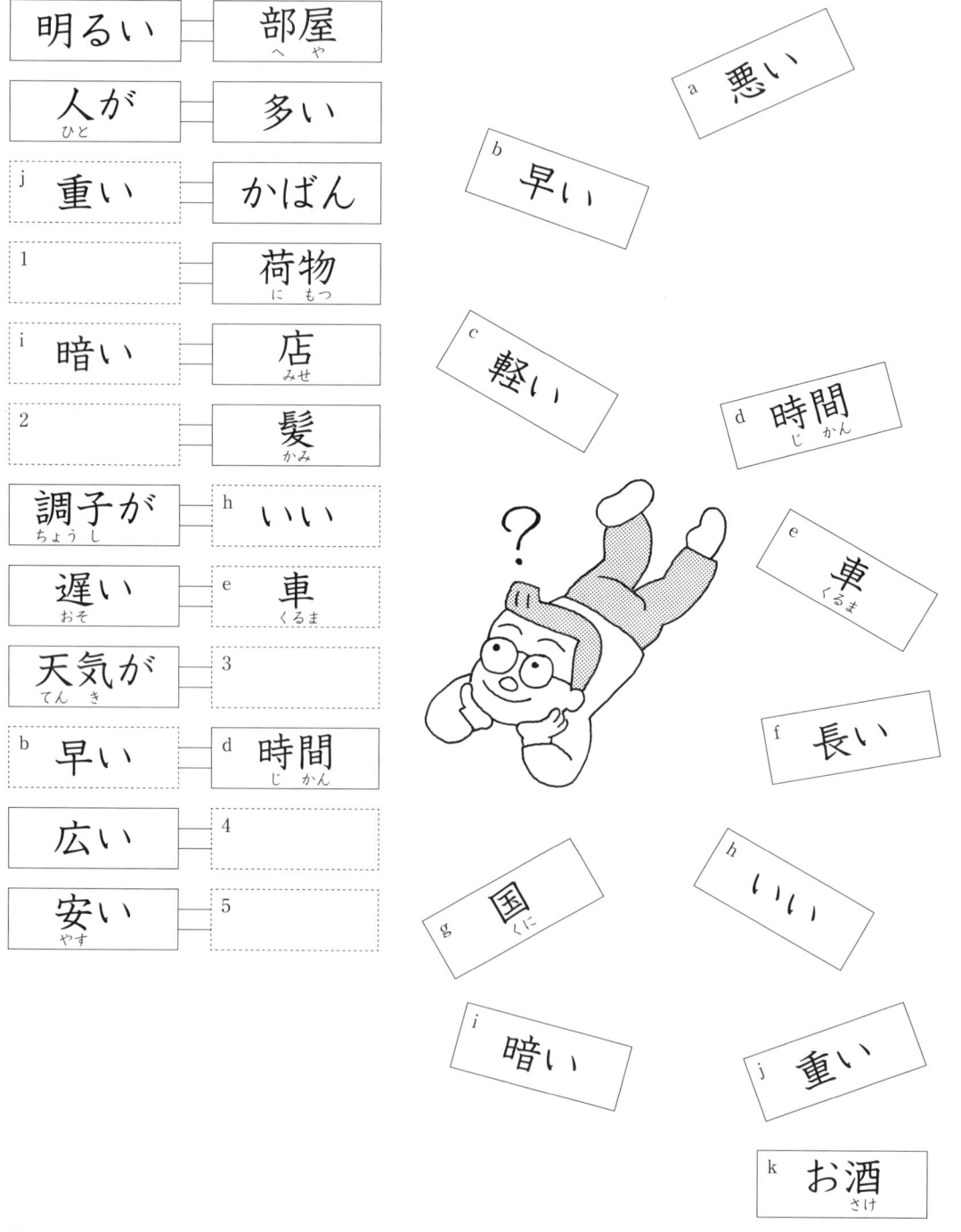

明るい ― 部屋(へや)
人(ひと)が ― 多い
j 重い ― かばん
1 ― 荷物(にもつ)
i 暗い ― 店(みせ)
2 ― 髪(かみ)
調子(ちょうし)が ― h いい
遅(おそ)い ― e 車(くるま)
天気(てんき)が ― 3
b 早い ― d 時間(じかん)
広い ― 4
安(やす)い ― 5

a 悪い
b 早い
c 軽い
d 時間(じかん)
e 車(くるま)
f 長い
g 国(くに)
h いい
i 暗い
j 重い
k お酒(さけ)

解答(かいとう)　1. c　2. f　3. a　4. g　5. k

ユニット 14

便 利 元 気 親 有 名 地 鉄 仕 事

地下鉄の駅(えき)

仕事(し)に行(い)きます

便利(べんり)な電話(でんわ)

元気(げんき)な人(ひと)
親切(しんせつ)な人(ひと)

ユニット 14—87

14-A 便 利 元 気 親

I. 読み方(よみかた)

1. 便利(べんり)なかばん
2. 元気(げんき)な人(ひと)
3. 電気(でんき)をつけます
4. 親切(しんせつ)な友達(ともだち)
5. ○出(で)かけます

II. 書き方(かきかた)

便	イ	仁	佢	佢	佢	伊	便
利	ノ	二	千	千	禾	利	利
元	一	二	テ	元			
気	ノ	ㅅ	ᅩ	气	気	気	
親	亠	立	亲	亲	亲	亲	親

III. 使い方(つかいかた)

1. 旅行(りょこう)の本(ほん)はとても便利(べんり)です。出(で)かける前(まえ)に、いつも読(よ)みます。

2. 山田(やまだ)さんは毎朝(まいあさ)ジョギングをします。とても元気(げんき)な人(ひと)です。

3. うちで電気(でんき)を作(つく)ります。そして、売(う)ります。

4. いつも山川(やまかわ)さんに旅行(りょこう)の本(ほん)を借(か)ります。山川さんはとても親切(しんせつ)な人(ひと)です。

14-B　有名 地 鉄 仕 事
148　149　150　151　152　153

I. 読み方

1. 有名なワイン
2. 名前　会社の名前
3. 地下鉄　地下鉄の駅
4. 仕事　わたしの仕事
5. 友達に写真を○見せます

II. 書き方

有	ノ	ナ	オ	有	有	有
名	ノ	ク	タ	夕	名	名
地	ー	十	土	圠	坩	地
鉄	亼	牟	金	金	針	鉄
仕	ノ	イ	仁	什	仕	
事	一	ㄇ	亘	写	写	事

III. 使い方

1. 地下鉄で会社へ行きます。JRより速くて、便利です。

2. 会社は有名ですが、仕事はおもしろくないです。

3. 会社のビルの地下に有名なレストランがあります。でも、高いですから、あまり行きません。

4. 空港でパスポートを見せます。そして、飛行機に乗ります。

5. 名前と住所と電話番号を書いてください。

14 漢字博士(はかせ)

I. タスク

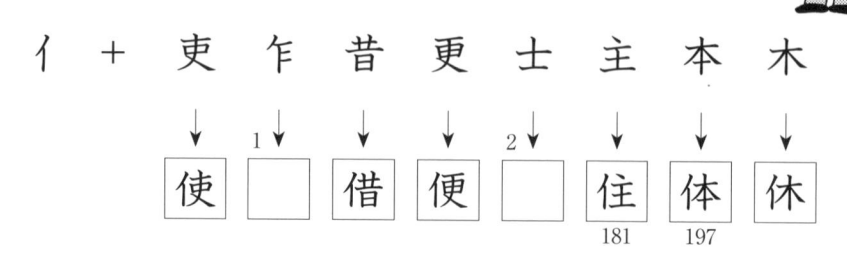

イ ＋ 吏　乍　昔　更　士　主　本　木
　　↓　 ↓　↓　↓　↓　↓　↓　↓
　　使　□(1)　借　便　□(2)　住　体　休
　　　　　　　　　　　　181　197

II. タスク

　　　　子ども(こ)　　小学校(しょうがっこう)　　キャッシュカード

1. 便利な ＋ 物(もの)／
2. 元気な ＋ 人(ひと)／
3. 有名な ＋ 神社(じんじゃ)／

III. 読み物(よみもの)

地下鉄とバス

　いつも地下鉄で学校へ行きます。時々、うちの近くで彼女(かのじょ)に会います。彼女はバスで学校へ行きます。ですから、僕(ぼく)もバスに乗(の)ります。地下鉄のほうがバスより安くて、便利ですが、彼女とバスで行きます。僕のうちから学校まで地下鉄は200円、バスは400円です。ですから、彼女と地下鉄で行きたいです。

解答(かいとう)　I. 1. 作　2. 仕　II. 1. キャッシュカード　2. 子ども　3. 小学校

ユニット15

| 東 西 南 北 京 夜 料 理 口 目 足 曜 |

木曜日、レストランで晩ごはんを食べます。

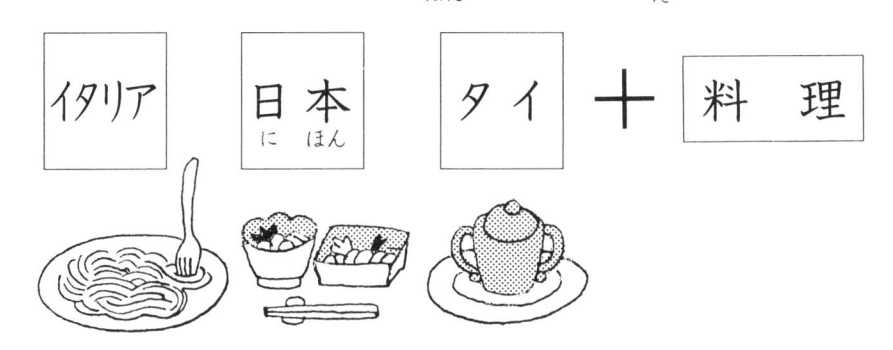

| イタリア | 日本 | タイ | ＋ | 料 理 |

土曜日、山へ行きます。

北
夜
西　　　東
南

日曜日、スポーツをします。　足　手　目　口

15-A　　東　西　南　北　京　夜
　　　　　　154　155　156　157　158　159

I. 読み方

1. 東*¹⁾　東京
2. 西*²⁾　中国の西
3. 南*³⁾　南の国
4. 北*⁴⁾　北アメリカ
5. 夜　　土曜日の夜
6. カードを○入れます
7. 銀行でお金を○下ろします

II. 書き方

東	一	冂	冃	旨	車	東	東
西	一	厂	冂	两	西	西	
南	一	十	十	市	市	南	南
北	ノ	十	北	北	北		
京	、	亠	宁	宁	古	亨	京
夜	、	亠	广	衣	衣	夜	夜

III. 使い方

1. きのうの夜、友達はバスで東京ディズニーランドへ行きました。わたしは東京へ行ったことがありません。

2. 先週、日本へ来ました。まだ、西も東もわかりません。

3. 3か月、北アメリカと南アメリカを旅行しました。

4. カードを入れて、ボタンを押して、お金を下ろします。

---

*¹⁾ 東　phía Đông　　*²⁾ 西　phía Tây　　*³⁾ 南　phía Nam　　*⁴⁾ 北　phía Bắc

15-B 料理 理 口 目 足 曜

I. 読み方

1. 料理　中国料理
2. 口
3. 目　左の目　右の目
4. 足　手と足
5. 金曜日にレポートを出します
6. 日　休みの日

II. 書き方

料	゛	゛	半	米	米	料	料
理	т	チ	王	玗	玾	理	理
口	丨	冂	口				
目	丨	冂	月	月	目		
足	丶	冂	口	只	足	足	
曜	日	日ヨ	町	眍	眍	瞬	曜

III. 使い方

1. きのう、初めて日本料理を食べました。そして、日本のお酒を飲みました。でも、わたしはフランス料理のほうが好きです。

2. 歩いて京都へ行きました。ですから、足が痛いです。

3. A：休みは何曜日ですか。

   B：土曜日と日曜日です。

4. 毎朝5時に起きます。休みの日は10時に起きます。

15 漢字博士
はかせ

I. タスク

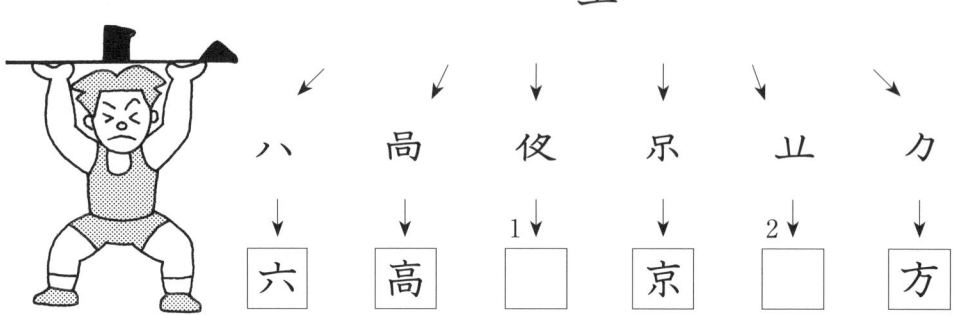

　　　　　　　　　　　亠
　　　　　　↓　↓　↓　↓　↓　↓
　　　　　　ハ　高　佟　尽　立　方
　　　　　　↓　↓　1↓　↓　2↓　↓
　　　　　　六　高　□　京　□　方

II. タスク：「手」ですか、「足」ですか。

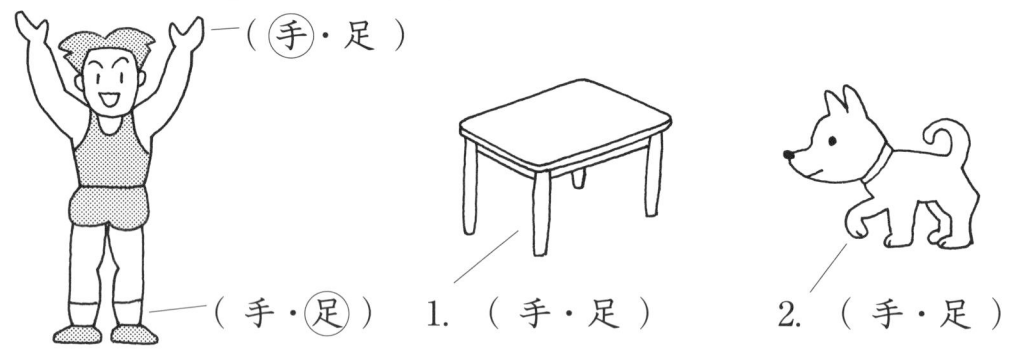

　　（手・足）

　（手・足）　1.（手・足）　2.（手・足）

III. タスク：次の □ に、「東」「西」「南」「北」を入れてください。

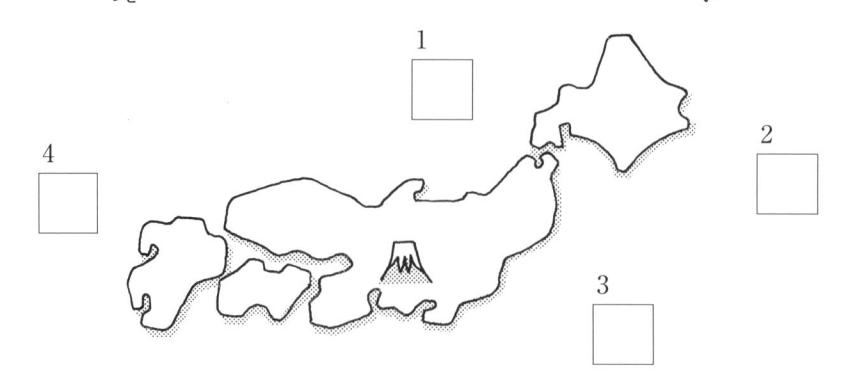

1.　□
2.　□
3.　□
4.　□

解答　I. 1. 夜　2. 立　II. 1. 足　2. 足　III. 1. 北　2. 東　3. 南　4. 西

漢字忍者3
にんじゃ

Ⅰ．タスク：正しくない*使い方に×を書いてください。

例：（　）広い部屋
　　（　）広い店
　　（　）広い学校
　　（×）広い目

1. （　）大きい車
　（　）大きい小学生
　（　）大きい口
　（　）大きい昼ごはん

2. （　）長い川
　（　）長い足
　（　）長い時間
　（　）長い人

3. （　）新しい会社
　（　）新しい仕事
　（　）新しい社員
　（　）新しい昼休み

4. （　）暗い教室
　（　）暗いレストラン
　（　）暗い朝
　（　）暗いコーヒー

5. （　）元気な友達
　（　）元気なお父さん
　（　）元気な犬
　（　）元気な肉

6. （　）有名な先生
　（　）有名な銀行
　（　）有名な名前
　（　）有名な時間

7. （　）親切な男の人
　（　）親切な医者
　（　）親切な店
　（　）親切な料理

*正しくない　không đúng

Ⅱ．タスク：同じ形に、○を書いてください。そして、下の漢字のことばに読み方を書いてください。

例： | 日 | ㊀映 | 書 | 借 | ㊀暗 |
|---|---|---|---|---|
| | 映画 | 書きます | 借ります | 暗い |
| | えいが | かき | かり | くらい |

1. | 口 | 話 | 右 | 短 | 京 |
|---|---|---|---|---|
| | 話します | 右の目 | 短い | 東京 |

2. | 目 | 自 | 見 | 真 | 親 |
|---|---|---|---|---|
| | 自転車 | 見ます | 写真 | 親切な |

3. | 土 | 赤 | 待 | 地 | 軽 |
|---|---|---|---|---|
| | 赤い | 待ちます | 地下鉄 | 軽い |

4. | 木 | 休 | 校 | 新 | 利 |
|---|---|---|---|---|
| | 昼休み | 高校 | 新聞 | 便利な |

5. | 十 | 古 | 南 | 早 | 朝 |
|---|---|---|---|---|
| | 古い | 南 | 早い | 今朝 |

Ⅲ．タスク

| 勉強し　止め　入り　~~送り~~　習い　出 |

例：国の母にクリスマスカードを [送り] ました。

1. あした、試験がありますから、今晩、[　　　　]ます。
2. おなかがすきましたね。あの店に[　　　　]ましょう。
3. きのう、山田さんにパソコンの使い方を[　　　　]ました。
4. 店の前に車を[　　　　]ました。
5. 姉は去年、アメリカの大学を[　　　　]ました。

Ⅳ．読み物

―― 僕の週末 ――

　僕は自然*が好きだ。だから、仕事が休みの日は彼女や友達と山や海へ行ったり、時々旅行に行ったりする。そして、とても元気になる。

　でも今日は雨だ。朝から降っている。山や海へ行くことができない。だから、図書館へ行って、中国料理の本を借りた。そして、作り方を勉強した。今日の夜はうちで彼女と食事する。

　今、彼女を待っている。早く彼女に会いたい。

＊自然　thiên nhiên

ユニット 16

降 思 寝 終 言 知 動 同 漢 字 方

日曜日の朝です。雨が降っています。

寝ています。

彼は寝ていると思います。

漢字を勉強します。

| 16-A | 降 思 寝 終 言 |

Ⅰ. 読み方

Ⅱ. 書き方

Ⅲ. 使い方

知っていますか。

宀
字・家・室・(　)

言
読・話・語・(　)

16-A　　降　思　寝　終　言
　　　　　　166　167　168　169　170

I. 読み方

1. 雨が降ります
2. 電車を降ります
3. 彼は来ないと思います
4. 12時に寝ました
5. 夏休みが終わりました
6. 彼に「さようなら」と言いました
7. ○話　　長い話
8. 友達と○話します

II. 書き方

降	｀	３	ｐ	阝ヽ	阝久	降	降
思	口	四	田	甲	思	思	思
寝	宀	宀	宀	宀	宀	寝	寝
終	ｸ	ｸ	ｸ	糸	糸	終	終
言	丶	二	三	三	言	言	言

III. 使い方

1. 午後、雨が降ると思います。だから、傘を持って行きます。

2. 先生と話しました。わたしはさくら大学へ行きたいと言いました。

3. ワット先生の話はおもしろいです。勉強が好きになりました。

4. A：皆さん、次の駅で降りますよ。

　　B：あ、山田さんが寝ています。山田さん、起きてください。

100—ユニット16

16-B

知	動	同	漢	字	方
171	172	173	174	175	176

I. 読み方

1. 知っています　知りません
2. 動きます　自動車　動物
3. 同じ*名前　同じ学校
4. 漢字　漢字を書きます
5. あの方を知っていますか
6. パソコンの使い方

II. 書き方

知	ノ	ト	ヒ	チ	矢	知	知
動	一	二	旨	重	重	動	動
同	丨	冂	冂	冋	同	同	
漢	氵	氵	沍	泞	漟	漢	漢
字	丶	丷	宀	宀	宁	字	
方	丶	亠	方	方			

III. 使い方

1. A：さくら大学を知っていますか。

   B：いいえ、知りません。どこにありますか。

2. この車は電気自動車です。少し高いですが、とても静かです。

3. A：山川さんにこのチョコレートをもらいました。

   B：あ、わたしも同じチョコレートをもらいました。

4. 広い北海道で動物といっしょに住みたいです。

5. この本で漢字の読み方や書き方や使い方を勉強しました。

---

*同じ　giống

16 漢字博士
   はかせ

Ⅰ．タスク

1. 1) 読み　方　　　　2) 西の　方*1)
      よ　（　）　　　　　にし　（ほう）

2. 1) 電車を　降ります　2) 雨が　降ります
      でんしゃ（　）　　　あめ　（　）

Ⅱ．タスク

1. 読みます　＋　方　→　読み方　…　漢字　の　読み方
   よ
2. ☐☐☐☐＋　方　→　書き方　…　漢字　の　書き方
                        か
3. 使います　＋　方　→　☐☐☐☐　…　ことば　の　使い方
   つか
4. 作ります　＋　方　→　作り方　…　☐☐☐　の　作り方
   つく

Ⅲ．タスク

1. あの方を　●　　　　● a. 降っていますか。
2. 映画は　　●　　　　● b. 知っていますか。
   えいが
3. 意見を　　●　　　　● c. 終わりましたか。
   いけん
4. 雨が　　　●　　　　● d. 言いましたか。
   あめ

Ⅳ．読み物
   よ もの

　　　　　　　　　　　　　　　同窓会*2)
　　　　　　　　　　　　　　　どうそうかい

　彼とわたしは高校が同じでした。わたしは彼と同じ大学へ行
　かれ
きたいと思いました。毎日、朝から晩まで勉強しました。わた
しはA大学に入ることができました。でも、彼は入ることがで
きませんでした。わたしは彼に、待っていると言いました。

　今年、わたしたちは高校の同窓会で会いました。今、彼は奥
　　　　　　　　　　　どうそうかい　　　　　　　　　　おく
さんと子どもがいます。今、わたしは主人と子どもがいます。

*1) 方　hướng　*2) 同窓会　hội lớp cũ, họp lớp cũ　解答 Ⅰ. 1.1) かた 2.1) お 2) ふ
    ほう　　　　　　　どうそうかい　　　　　　　　　　　　かいとう
Ⅱ. 2. 書きます 3. 使い方 4. 例：てんぷら Ⅲ. 2. c 3. d 4. a
                                れい

ユニット17

| 図 | 館 | 銀 | 町 | 住 | 度 | 服 | 着 | 音 | 楽 | 持 |

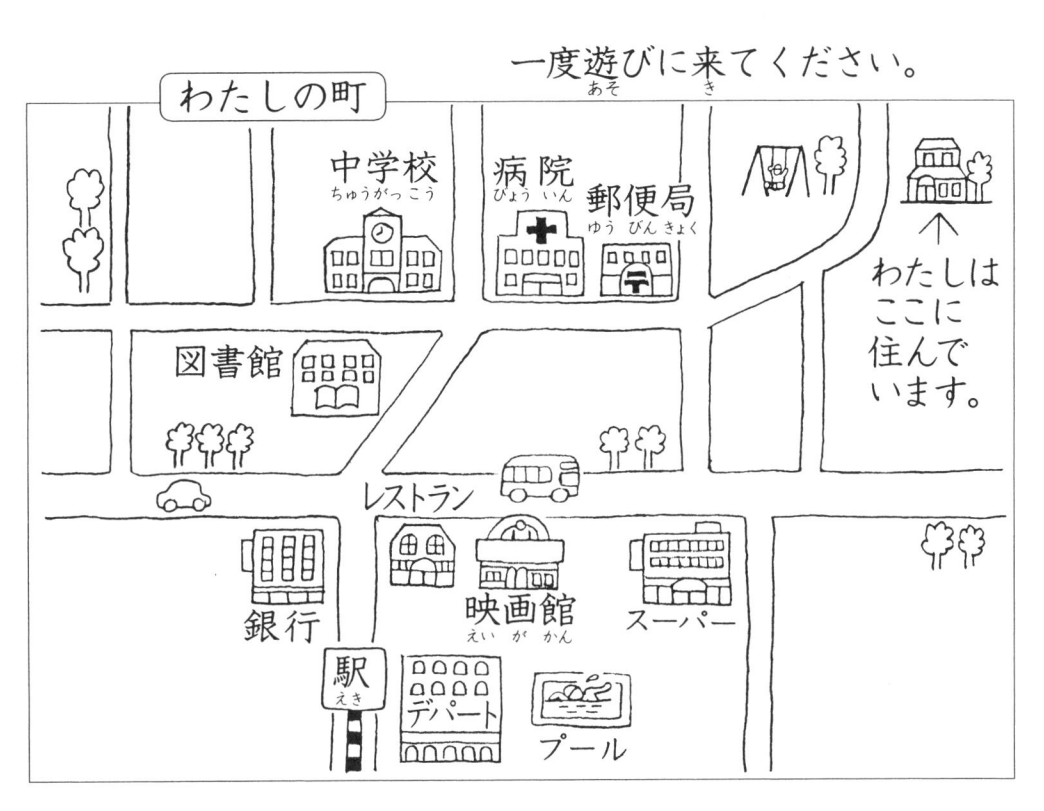

わたしの町

一度遊びに来てください。

中学校　病院　郵便局

↑わたしはここに住んでいます。

図書館

レストラン

銀行　映画館　スーパー

駅　デパート　プール

ビートルズのCDを持っています。

音楽

ユニット17—103

17-A

図	館	銀	町	住	度
177	178	179	180	181	182

I. 読み方

1. 図書館　大学の図書館
2. 地図　京都の地図
3. 銀行　近くの銀行
4. 町　大きい町
5. 東京に住んでいます
6. 一度　一度も
7. ○近い　海が近いです
8. 大阪で○生まれました

II. 書き方

図	丨	冂	冂	冈	図	図	図
館	个	今	今	食	飠	飵	館
銀	个	午	金	釗	鈤	銀	銀
町	丨	冂	冊	田	田	町	
住	ノ	亻	亻	住	住	住	
度	亠	广	广	产	庐	序	度

III. 使い方

1. 図書館へ行きました。わたしの町の古い地図がありました。

2. ちょっと銀行へ行きます。3時ごろ、帰ります。

3. 今、住んでいるうちは古いです。でも、駅から近いです。

4. 一度も富士山に登ったことがありません。一度、登りたいです。

5. 来年、子どもが生まれます。初めての子どもです。

17-B 服 着 音 楽 持

I. 読み方

1. 服　服を着ます
2. 着物　上着　下着
3. 音楽　音楽を聞きます
4. 楽しい　楽しい夏休み
5. かばんを持ちます　イタリアの車を持っています

II. 書き方

服	）	刀	月	肌	阝	服	服
着	丶	丷	半	芋	若	着	着
音	丶	亠	ナ	立	立	咅	音
楽	ノ	力	白	泊	冱	楽	楽
持	一	十	扌	扩	持	持	持

III. 使い方

1. 荷物が多いですね。1つ持ちましょうか。

2. 山川さんは音楽が好きです。

3. 山川さんとコンサートに行きました。山川さんは白い服を着ていました。コンサートが終わってから、食事しました。

   楽しかったです。

4. 山川さんの写真をいつも持っています。

17　漢字博士（はかせ）

Ⅰ．タスク

　　　　　　服　着物　図書館　町　音楽

1. 青（あお）い　　[服]　[　　]
2. 広（ひろ）い　　[図書館]　[　　]
3. 古（ふる）い　　[着物]　[町]　[　]　[　]　[　]

Ⅱ．タスク

1. お正月（しょうがつ）に　　・　　・a．お金（かね）を下（お）ろします
2. 銀行（ぎんこう）で　　　　・　　・b．着物を着ます
3. ＣＤで　　　　　　　　　　・　　・c．本（ほん）を借（か）ります
4. 図書館で　　　　　　　　　・　　・d．音楽を聞（き）きます

Ⅲ．読（よ）み物（もの）

――― 40年 ―――

　わたしたちは40年前にこの町へ来ました。この町は新しい町でした。駅は遠（とお）くて、近くに店がありませんでした。でも、公園（こうえん）が多くて、いつも子どもが遊（あそ）んでいました。

　町はだんだん大きくなりました。新しい駅ができて*1)、駅の近くにデパートや銀行もできました。わたしたちの子どもは中学生になって、高校生になって、大学生になりました。そして、うちを出ました。

　今、わたしは70歳（さい）です。時々、主人と公園を歩（ある）きます*2)。公園はいつも静（しず）かです。

---

*1) できます　được xây dựng　　*2) 歩きます　đi bộ

解答（かいとう）　Ⅰ．1．着物　2．町　3．服／図書館／音楽　Ⅱ．2．a　3．d　4．c

ユニット 18

| 春 夏 秋 冬 道 堂 建 病 院 体 運 乗 |

春 | 夏
冬 | 秋

①車に乗ります。
　くるま

②車を運転します。
　くるま

③病院へ行きます。
　　　　い

④病院の建物は
　　　　おお
　大きいです。

⑤病院の食堂で食べます。
　　　　　　　　た

18-A 春 夏 秋 冬 道 堂 建
　　　　　　188 189 190 191 192 193 194

I. 読み方

1. 春（はる）　夏（なつ）　秋（あき）　冬（ふゆ）
2. 春休み（はるやす）　夏休み（なつやす）　冬休み（ふゆやす）
3. 道（みち）　広い道（ひろ　みち）
4. 食堂（しょくどう）　学生食堂（がくせいしょくどう）
5. 建物（たてもの）　高い建物（たか　たてもの）

II. 書き方

春	一	二	三	声	夫	表	春
夏	一	丆	丙	百	頁	夏	夏
秋	ノ	二	千	禾	秂	秋	秋
冬	ノ	ク	夂	冬	冬		
道	丷	䒑	䒑	首	首	渞	道
堂	丨	丷	丷	兴	尚	常	堂
建	フ	ㄱ	ヨ	彐	聿	建	建

III. 使い方

1. 春は暖かいです。夏は暑いです。秋は涼しいです。冬は寒いです。
　　　（あたた）　　　（あつ）　　　　（すず）　　　　（さむ）

2. 夏休みは北海道でアルバイトをします。冬休みは国へ帰ります。
　　　　　（ほっかいどう）　　　　　　　　　　　（くに　かえ）

3. 日本の秋はいい季節です。でも、短いです。
　（にほん）　　　（きせつ）　　　　（みじか）

4. 図書館へ行く道がわかりません。地図をかいてください。
　（としょかん　い）　　　　　　　（ちず）

5. わたしの大学の食堂は木の建物です。とても古い建物です。
　　　　　（だいがく）　　（き）　　　　　　（ふる）

18-B　病院 院 体 運 乗

I. 読み方

1. 病気　病気の人
2. 病院
3. 体　体に悪い
4. 運転　車を運転します
5. 車に乗ります

II. 書き方

病	丶	亠	疒	疒	疒	病	病
院	ｱ	３	ﾅ	ﾅ'	陀	陀	院
体	ノ	イ	仁	什	什	休	体
運	冖	冖	盲	軍	軍	運	運
乗	一	二	三	丰	乒	乗	乗

III. 使い方

1. 父は病院が嫌いです。最近、体の調子がよくないです。でも、病院へ行きません。

2. 母はダイエットをしましたから、病気になりました。

3. 山田さんのお父さんは80歳ですが、車の運転が好きです。家族はとても心配しています。

4. 先月、東京へ行ったとき、初めて新幹線に乗りました。新大阪で乗って、東京で降りました。

18 漢字博士
   はかせ

Ⅰ．タスク

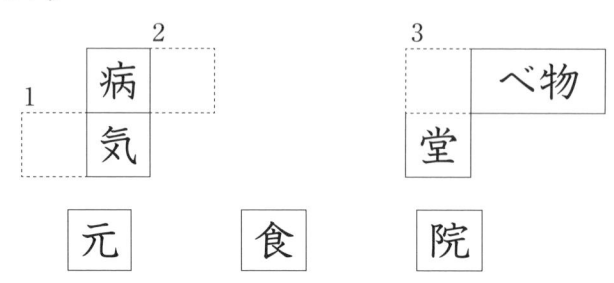

```
        2
   1  ┌──┐
   ┌──┤病 │        3
   │  │気 │    ┌──┬──┐
   └──┴──┘    │  │べ物│
              ├──┤  │
              │堂│  │
              └──┴──┘
```

| 元 | | 食 | | 院 |

Ⅱ．タスク

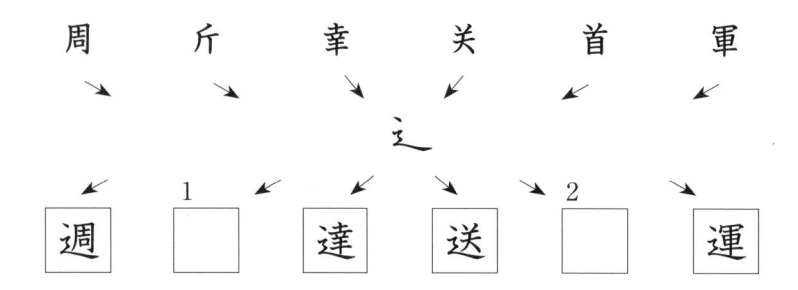

周　　斤　　幸　　关　　首　　軍
↓　　↓　　↓　　↓　　↓　　↓
　　　　　　之
↓　　↓　　↓　　↓　　↓　　↓
週　　1　　達　　送　　2　　運

Ⅲ．タスク

1. 春は・　　・a. だんだん涼しくなります。そして、木の葉*1)が赤*2)や黄色*3)になります。

2. 夏は・　　・b. 毎日、暑いです。ビールがおいしいです。海や川で泳ぎます。

3. 秋は・　　・c. 桜の花がきれいです。花の下で、お酒を飲んだり、歌ったりします。

4. 冬は・　　・d. 暖かいコートを着ます。時々、雪が降ります。

---

*1) 葉 lá　*2) 赤 màu đỏ　*3) 黄色 màu vàng　解答　Ⅰ．1. 元　2. 院　3. 食
Ⅱ．1. 近　2. 道　Ⅲ．2. b　3. a　4. d

ユニット 19

| 家 | 内 | 族 | 兄 | 弟 | 奥 | 姉 | 妹 | 海 | 計 |

家族

山田(やまだ)さんと奥さん　　　わたしと家内

A：お兄さんですか？　　　　A：お姉さんですか？
B：いいえ、姉です。　　　　B：いいえ、弟です。

19-A 家 内 族 兄 弟 奥
200 201 202 203 204 205

I. 読み方

1. 家*　先生の家
2. 家内
3. 家族
4. 兄　お兄さん
5. 弟　弟さん
6. 兄弟　3人兄弟
7. 奥さん　田中さんの奥さん

II. 書き方

家	宀	宀	宇	守	家	家	家
内	丨	冂	内	内			
族	亠	方	方	扩	扩	旃	族
兄	丶	口	口	尸	兄		
弟	丶	丷	丷	丷	弟	弟	
奥	ノ	冂	甪	甪	奥	奥	奥

III. 使い方

1. わたしの家族は3人です。家内と男の子が1人います。

2. 近くに両親の家があります。両親は兄と住んでいます。

3. 家内は兄弟がいません。

4. 山田さんは小学校の先生です。山田さんの奥さんは中学校の先生です。山田さんのお兄さんは高校の先生です。

＊家　ngôi nhà

19-B　姉 妹 海 計
　　　　206　207　208　209

I. 読み方

1. 姉（あね）　お姉さん（ねえ）
2. 妹（いもうと）　妹さん（いもうと）
3. 海（うみ）　夏の海（なつ　うみ）
4. 時計（とけい）　古い時計（ふる　とけい）
5. ○音（おと）　時計の音（とけい　おと）
6. ○買い物（か　もの）　買い物します（か　もの）

II. 書き方

姉	く	タ	女	女＇	女＂	妡	姉
妹	く	タ	女	女＇	女＝	妌	妹
海	氵	氵	汒	汢	汩	洢	海
計	亠	言	言	言	言	訂	計

III. 使い方

1. 姉は結婚して、外国に住んでいます。妹は独身です。
　（けっこん　がいこく　す　　　　　どくしん）

2. ニューヨークでミラーさんのお姉さんに会いました。
　買い物に連れて行ってもらいました。
　（か　もの　つ　い）

3. 夏はいつも、海でアルバイトをします。
　（なつ）

4. この時計は父にもらいました。20年前にもらいました。
　（ちち　　　　　　ねんまえ）

19 漢字博士 (はかせ)

I. まとめ：家族のことば

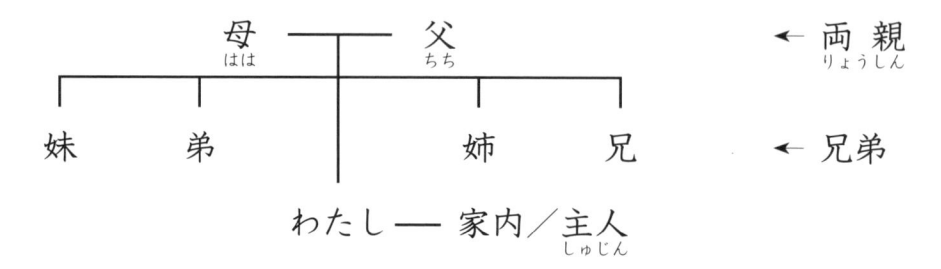

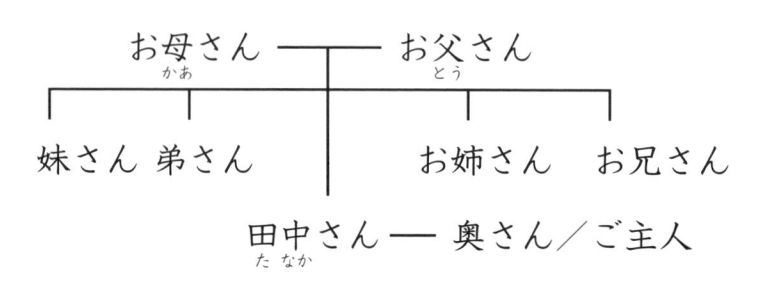

```
        母 ── 父                    ← 両親(りょうしん)
       (はは)(ちち)
     ┌───┬───┬───┐
     妹  弟      姉  兄             ← 兄弟
         │
       わたし ── 家内／主人(しゅじん)
```

```
      お母さん ── お父さん
       (かあ)    (とう)
     ┌───┬───┬───┐
    妹さん 弟さん  お姉さん お兄さん
           │
       田中さん ── 奥さん／ご主人
       (たなか)
```

II. タスク

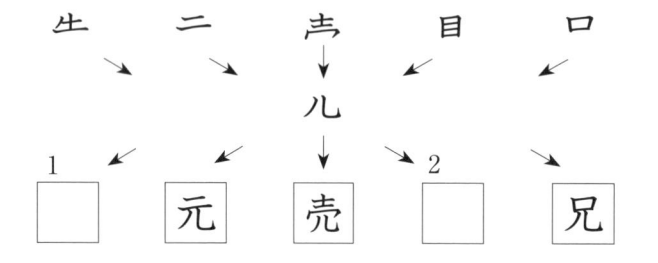

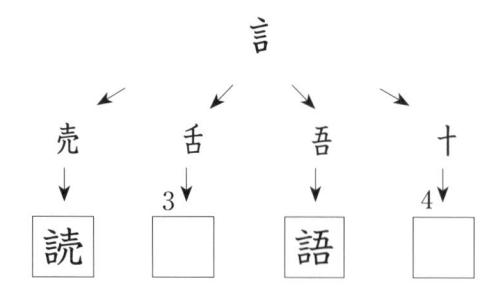

```
  生 → ニ → 声 → 目 → 口
            ↓   ↓   ↓
  [1]  元   売  [2]  兄
       ↘   ↓   ↙
```

```
              言
         ↙  ↙  ↘  ↘
        売  舌  吾   十
        ↓  ↓³ ↓   ↓⁴
       読 [ ] 語  [ ]
```

解答(かいとう) II. 1. 先 2. 見 3. 話 4. 計

ユニット20

| 部 | 屋 | 室 | 窓 | 開 | 閉 | 歌 | 意 | 味 | 天 | 考 |

部屋の窓を閉めないで。
わたしの歌を聞いてください。
部屋の窓を開けてください。

歌の意味を考えます。

天気がいい日は教室を出て、外へ行きます。

20-A 部屋室窓開閉

部 210　屋 211　室 212　窓 213　開 214　閉 215

I. 読み方

1. 部屋（へや）　わたしの部屋（へや）
2. 教室（きょうしつ）　日本語の教室（にほんご きょうしつ）
3. 窓（まど）　部屋の窓（へや まど）
4. 本屋（ほんや）　パン屋（や）
5. 窓を開けます（まど あ）
6. 窓を閉めます（まど し）
7. 駅まで○歩きます（えき ある）
8. 駅に○着きます（えき つ）

II. 書き方

部	亠	立	立	咅	咅	部	部
屋	ー	㇕	尸	尸	居	屋	屋
室	丶	宀	宀	宰	宰	室	室
窓	宀	空	空	空	窓	窓	窓
開	丨	門	門	門	門	門	開
閉	丨	門	門	門	門	閉	閉

III. 使い方

1. 夜は暗い部屋でお酒を飲みます。そして、ジャズを聞きます。
   （よる　くら　　　　さけ　の　　　　　　　　　　　　　　　き）

2. ホテルに着きました。そして、すぐ部屋の窓を開けました。

3. エアコンをつけました。窓とドアを閉めてください。

4. 時々、みんなで教室を掃除します。
   （ときどき　　　　　　　　　そうじ）

20-B　歌　意　味　天　考
　　　　216　217　218　219　220

I. 読み方

1. 歌を歌います
2. 意味　ことばの意味
3. 天気　天気が悪い
4. 家族のことを考えます
5. ○山　山へ行きます
6. ○川　川の水
7. ○自分で料理を作ります

II. 書き方

歌	一	冂	可	可	哥	訶	歌
意	亠	立	产	咅	音	意	意
味	丶	口	口	吖	叶	吀	味
天	一	二	于	天			
考	一	十	土	耂	考	考	

III. 使い方

1. 趣味は歌を歌うことです。でも、カラオケは嫌いです。

2. 日曜日、いい天気だったら、山へ行って、川の水で昼ごはんを作りましょう。

3. まず、自分で漢字の意味を考えます。次に、辞書を見ます。わからなかったら、先生に聞きます。

20 漢字博士
はかせ

I. タスク

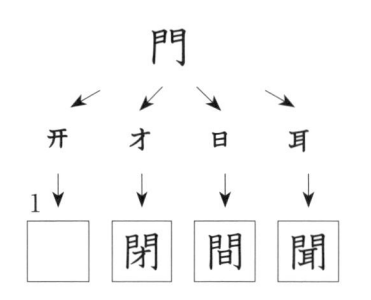

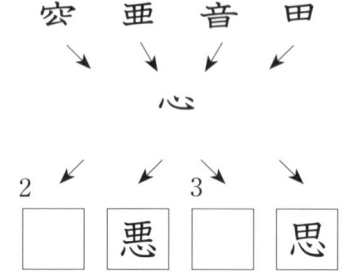

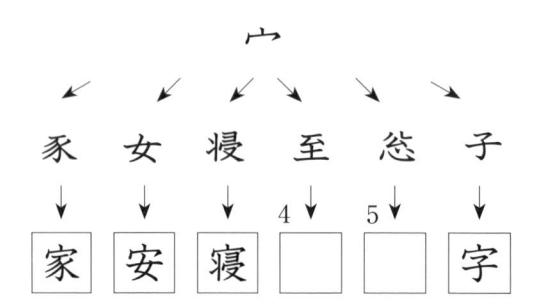

門
↙ ↙ ↓ ↘
开 オ 日 耳
1↓ ↓ ↓ ↓
[　] 閉 間 聞

穴 亜 音 田
↘ ↓ ↓ ↙
　　心
2↙ ↓ 3↓ ↘
[　] 悪 [　] 思

宀
↙ ↙ ↓ ↓ ↘ ↘
豖 女 寝 至 悠 子
↓ ↓ ↓ 4↓ 5↓ ↓
家 安 寝 [　] [　] 字

II. 読み物

どうして

A：部屋が暑かったら、窓を閉めてください。
B：どうして。
A：エアコンをつけますから。じゃ、勉強を始めますから、教室の電気を消してください。
B：どうして。
A：今から映画を見ますから。
B：わかりました。

Aは（ 先生　学生　銀行員 ）です。

解答　I. 1.開　2.窓　3.意　4.室　5.窓　II. 先生
かいとう

漢字忍者4
まとめ：漢字の形

Ⅰ. ☐■ (Bộ thủ bên trái)

亻	休 何 借 使 作 便 仕 住 体 …v.v
	47 49 115 130 131 143 152 181 197

亻 = 人 (con người)
ひと

亻 liên quan đến con người, hành động, hoạt động của con người.

彳	後 行 待 往 復 …v.v
	46 50 123

彳 liên quan đến việc đến và đi.

往復します đến rồi quay về, khứ hồi
おうふく

氵	酒 漢 海 洗 泳 消 …v.v
	103 174 208

氵 = 水 (nước)
みず

氵 liên quan đến nước.

洗います rửa　泳ぎます bơi　消します dập tắt, tắt, xóa
あら　　　　　　　およ　　　　　　　け

土	地 場 坂 城 …v.v
	150

土 = 土 (đất)
つち

土 liên quan đến trái đất, đất.

場所 địa điểm, nơi, chỗ　坂 dốc　城 thành, lâu đài
ばしょ　　　　　　　　　さか　　　しろ

漢字忍者4 —119

阝	降 院 階 除 隣 ...v.v
	166　196

阝　liên quan đến địa hình đồi núi, đất.

〜階 *tầng*〜　掃除します *quét dọn, làm sạch*
　かい　　　　そうじ

隣　*bên cạnh*
となり

弓	強 引 張 ...v.v
	120

弓 ＝ 弓（cung bắn）
　　　ゆみ

弓　liên quan đến cung bắn.

引きます *kéo*　出張します *đi công tác*
ひ　　　　　しゅっちょう

女	好 姉 妹 始 ...v.v
	77　206　207

女 ＝ 女（nữ）
　　　おんな

女　liên quan đến nữ giới.

始めます *bắt đầu*
はじ

口	味 呼 吸 吹 ...v.v
	218

口 ＝ 口（mồm）
　　　くち

口　liên quan đến mồm.

呼びます *gọi*　吸います *hút, hít*
よ　　　　　す

吹きます *thổi*
ふ

120—漢字忍者 4

扌	持 払 押 指 …v.v
	187

扌＝手（tay）
　　て

扌 liên quan đến tay, hành động có dùng tay.

払います *trả*　押します *ấn, đẩy*　指 *ngón tay*
はら　　　　　お　　　　　　　ゆび

牛	物 牧 特 …v.v
	83

牛＝牛（con bò）
　　うし

牛 liên quan đến trâu bò, trang trại nuôi súc vật.

牧場 *nông trường*　特に *đặc biệt*
ぼくじょう　　　　　　とく

木	校 机 林 枝 …v.v
	52

木＝木（cây, gỗ）
　　き

木 liên quan đến cây hoặc gỗ.

机 *bàn*　林 *rừng*　枝 *gậy*
つくえ　　はやし　　　えだ

礻	社 神 祈 禅 …v.v
	29

礻 liên quan đến thần linh, những thứ thuộc về tinh thần.

神 *thần*　お祈り *cầu khấn*　禅 *thiền*
かみ　　　いの　　　　　　　ぜん

方	旅 族 放 …v.v
	116 202

方＝方（phương hướng, phương pháp）
　　ほう／かた

放送 *phát sóng*
ほうそう

王	理 現 球 ...v.v
	161

王 ＝ 王 (vua)
　おう

現代 *hiện đại, hiện nay*　　野球 *bóng chày*
げんだい　　　　　　　　　やきゅう

日	晩 時 映 明 暗 曜 ...v.v
	40　41　107　132　133　165

日 ＝ 日 (mặt trời)
　ひ

日 liên quan đến mặt trời, ngày.

月	服 脱 胸 腕 ...v.v
	183

月 ＝ 月 (mặt trăng)
　つき

月 liên quan đến cơ thể.

脱ぎます *cởi*　　胸 *ngực*　　腕 *cánh tay*
ぬ　　　　　　　むね　　　　うで

禾	利 秋 私 穫 ...v.v
	144　190

禾 diễn tả cây lúa và liên quan đến thóc gạo, ngũ cốc.

私 *tôi*　　収穫 *thu hoạch*
わたくし　　しゅうかく

矢	短 知 矯
	138　171

矢 ＝ 矢 (mũi tên)
　や

矯正します *làm thẳng, duỗi thẳng, chỉnh lại*
きょうせい

122―漢字忍者4

米	料 粉 糖 ...v.v

米 = 米（gạo）
こめ

米 liên quan đến thóc gạo, hạt, ngũ cốc.

粉 *bột*　砂糖 *đường*
こな　　さとう

糸	紙 終 結 細 ...v.v

糸 = 糸（sợi）
いと

糸 liên quan đến tơ sợi.

結婚します *kết hôn*　細い *mỏng, mảnh*
けっこん　　　　　　ほそ

言	読 話 語 計 説 調 ...v.v

言 = 言（nói）
い（います）

言 liên quan đến giao tiếp bằng ngôn ngữ.

説明します *giải thích*　調べます *điều tra, tìm hiểu*
せつめい　　　　　　　　しら

車	転 軽 輪 輸 ...v.v

車 = 車（xe）
くるま

車 liên quan đến xe cộ, vận chuyển.

車輪 *bánh xe*　輸出します *xuất khẩu*　輸入します *nhập khẩu*
しゃりん　　　　ゆしゅつ　　　　　　　ゆにゅう

金	鉄 銀 銅 ...v.v

金 = 金（kim loại）
かね

金 liên quan đến kim loại.

鉄 *sắt*　銅 *đồng*
てつ　　どう

食	飲 館 飯 飼 ...v.v
	82　178

食 ＝ 食（bữa ăn, ăn）
　　　しょく／た（べます）

食 liên quan đến đồ ăn, việc ăn uống.

　　ご飯 cơm　　飼います nuôi
　　　はん　　　　　か

馬	駅 駐 騎 ...v.v
	56

馬 ＝ 馬（ngựa）
　　　うま

馬 liên quan đến ngựa, vận chuyển.

　　駐車場 bãi đỗ xe　　騎士 kỵ sỹ
　　ちゅうしゃじょう　　　　き し

II.　▢　(Bộ thủ bên phải)

力	勉 動 働 助 ...v.v
	119　172

力 ＝ 力（sức, năng lực）
　　　ちから

力 liên quan đến sức lực, lao động.

　　働きます làm việc　　助けます giúp đỡ
　　はたら　　　　　　　　たす

刀	切 初
	113

刀 ＝ 刀（con dao, cây đao）
　　　かたな

刀 liên quan đến dao, sự cắt.

　　初めて lần đầu tiên
　　はじ

刂	利 別 則 ...v.v
	144

刂 ＝ 刀 (con dao, cây đao)
かたな

刂 liên quan đến dao, sự cắt.

別々に *riêng rẽ*　　規則 *quy tắc, quy định*
べつべつ　　　　　　きそく

匕	北 化 比 靴
	157

匕 diễn tả cái thìa.

文化 *văn hóa*　　比べます *so sánh*　　靴 *giày*
ぶんか　　　　　くら　　　　　　　　くつ

丁	町 打 灯 訂
	180

丁 diễn tả cái đinh.

打ちます *đánh, đóng*　　灯台 *ngọn hải đăng*　　訂正 *đính chính*
う　　　　　　　　　　とうだい　　　　　　　ていせい

阝	部 郵 都 ...v.v
	210

阝 liên quan đến làng xóm, nơi có con người ở.

郵便局 *thư viện*　　京都 *Kyoto*
ゆうびんきょく　　　きょうと

斤	新 近 所 祈 ...v.v
	65　84

斤 diễn tả cái búa, cái rìu.

所 *chỗ, nơi, địa điểm*　　お祈り *cầu khấn*
ところ　　　　　　　　いの

欠	飲 歌 次 欲 ...v.v
	82 216

欠 ＝ 欠 (khiếm khuyết, thiếu)
けつ

次の tiếp theo   欲しい muốn có
つぎ   ほ

攵	教 枚 数 攻 ...v.v
	117

攵 diễn tả một người cầm cây gậy và chỉ sự liên quan đến việc đánh, cưỡng ép.

～枚 ~ tờ (số đếm vật mỏng như tờ giấy)   数 số
まい   かず

攻撃 tấn công
こうげき

月	朝 明 期 朗
	38 132

月 ＝ 月 (mặt trăng)
つき

月 liên quan đến mặt trăng.

学期 học kỳ   明朗な trong sáng, minh bạch
がっき   めいろう

寺	時 待 持 特 ...v.v
	41 123 187

寺 ＝ 寺 (chùa)
てら

特に đặc biệt
とく

帚	帰 婦 掃
	99

帚 ＝ 帚 (cái chổi)
ほうき

帚 liên quan đến chổi quét, làm sạch.

主婦 bà nội trợ   掃除します quét dọn
しゅふ   そうじ

Ⅲ. ▢ (Bộ thủ trên)

亠	六 高 立 京 夜 方 …v.v
	16 61 124 158 159 176

人	金 会 今 食 全 …v.v
	6 28 37 81

全部 toàn bộ
ぜんぶ

八	分 公 貧 …v.v
	42

公園 công viên 貧乏な nghèo
こうえん   びんぼう

冖	写 冗 軍 冠
	104

冗談 nói đùa   軍 quân đội   冠 vương miện
じょうだん   ぐん   かんむり

十	古 真 南 …v.v
	66 105 156

十 = 十 (mười)
　　 じゅう

艹	茶 英 花 薬 菜 …v.v
	102 110 121

艹 liên quan đến cỏ thảo, thực vật.

薬 thuốc   野菜 rau
くすり   やさい

䒑	前 普 首 …v.v
	45

普通の bình thường   首 cổ
ふつう   くび

| 口 | 足 164 | 兄 203 | 員 30 | 号 | 品 | ...v.v |

口 = 口 (mồm)
くち

番号 số thứ tự　　品物 hàng
ばんごう　　　　　しなもの

| 土 | 去 54 | 赤 69 | 走 | 寺 | 幸 |

土 = 土 (đất)
つち

走ります chạy　　寺 chùa　　幸せな hạnh phúc
はし　　　　　　てら　　　　しあわ

| 宀 | 安 62 | 寝 168 | 字 175 | 家 200 | 室 212 | 窓 213 | ...v.v |

宀 diễn tả mái nhà, chỉ mối liên hệ đến mái nhà, nhà.

| 丰 | 青 67 | 表 | 麦 | ...v.v |

表 mặt, bề mặt　　麦 lúa mỳ
おもて　　　　　　むぎ

| 止 | 步 122 | 歯 | 歳 | 肯 |

止 = 止 (dừng)
と（めます）

歯 răng　　～歳 ~ tuổi　　肯定します khẳng định
は　　　　さい　　　　　　こうてい

| 耂 | 者 32 | 考 220 | 老 | 孝 |

耂 liên quan đến người già

老人 người già　　親孝行 có hiếu
ろうじん　　　　　おやこうこう

日	早 暑 最 ...v.v
	142

日 ＝ 日 (mặt trời)
　　ひ

日 liên quan đến mặt trời, ngày.

暑い nóng　　最近 gần đây
あつ　　　　　さいきん

罒	買 置 罪 罰 ...v.v
	97

置きます đặt　　罪 tội　　罰 phạt
お　　　　　　　つみ　　　ばつ

田	男 思 界 胃 ...v.v
	89　167

田 ＝ 田 (ruộng)
　　た

世界 thế giới　　胃 dạ dày
せかい　　　　　い

立	音 意 辛 章 ...v.v
	185　217

立 ＝ 立 (đứng)
　　た(ちます)

辛い cay　　章 chương
から　　　　しょう

𭕄	学 覚 労 ...v.v
	25

覚えます nhớ　　労働 lao động
おぼ　　　　　　ろうどう

𭕄	堂 賞 常 ...v.v
	193

賞 giải thưởng　　日常生活 cuộc sống thường nhật
しょう　　　　　　にちじょうせいかつ

| 羊 184 | 着 差 養 …v.v |

差 khoảng cách, độ chênh lệch　教養 có văn hóa, có giáo dục
さ　　　　　　　　　　　きょうよう

| 雨 57 | 電 雲 雪 …v.v |

雨＝雨（mưa）
　　あめ

雨 liên quan đến mưa.

雲 mây　　雪 tuyết
くも　　　ゆき

IV. ▭ （Bộ thủ dưới）

| 力 89 | 男 労 努 …v.v |

力＝力（sức, năng lực）
　　ちから

力 liên quan đến sức lực, lao động.

労働 lao động　　努力 thể lực
ろうどう　　　　　どりょく

| 儿 | 先 見 売 元 兄 …v.v |
| | 27　95　129　145　203 |

儿＝人（con người）
　　ひと

儿 liên quan đến con người, hành động, hoạt động của con người.

| 女 62 | 安 要 妻 婆 …v.v |

女＝女（nữ）
　　おんな

女 liên quan đến nữ giới.

要ります cần　　妻 vợ　　老婆 bà lão
い　　　　　　つま　　　ろうば

130—漢字忍者 4

子	学 字 季 ...v.v
	25 175

子 ＝子（con, trẻ con）
こ

季節 thời tiết
き せつ

木	楽 薬 案 菜 ...v.v
	186

木 ＝木（cây, gỗ）
き

木 liên quan đến cây, gỗ.

薬 thuốc　案内します hướng dẫn　野菜 rau
くすり　　　あんない　　　　　　や さい

日	者 書 音 春 暑 昔 ...v.v
	32 92 185 188

日 ＝日（mặt trời）
ひ

日 liên quan đến mặt trời, ngày.

暑い nóng　昔 ngày xưa
あつ　　　むかし

心	悪 思 窓 意 忘 急 ...v.v
	139 167 213 217

心 ＝心（trái tim, tâm hồn）
こころ

心 liên quan đến tinh thần, tâm hồn.

忘れます quên　急ぎます vội vàng
わす　　　　　いそ

灬	黒 点 然 熱 ...v.v
	70

灬 ＝火（lửa）
ひ

灬 liên quan đến lửa, nhiệt.

〜点 〜điểm　自然 thiên nhiên, tự nhiên　熱 nhiệt, nóng
てん　　　し ぜん　　　　　　　　　　ねつ

灬 trong 魚（80）miêu tả vây đuôi của con cá.
さかな

漢字忍者 4 —131

貝	員 買 貸 負 ...v.v
	30 97 114

貝 ＝ 貝 (sò, ốc)
　　かい

貝 liên quan đến tiền.

　負けます thua
　　ま

V. ⌐ (Bộ thủ góc trên bên trái)

ナ	右 左 友 ...v.v
	86 87 100

广	店 広 度 座 庭 ...v.v
	109 134 182

广 diễn tả nóc mái nhà, chỉ những thứ có liên quan đến mái nhà, nhà.

　座ります ngồi　庭 sân vườn
　すわ　　　　　　にわ

尸	屋 昼 局 居 ...v.v
	211 39

郵便局 bưu điện　住居 nơi ở
ゆうびんきょく　　じゅうきょ

疒	病 疲 痛 ...v.v
	195

疒 liên quan đến bệnh tật, ốm đau.

　疲れます mệt　痛い đau
　つか　　　　　いた

Ⅵ. ┗ （Bộ thủ góc dưới bên trái）

廴	建 延 廷
	194

延期します *hoãn*　法廷 *toà án*
えんき　　　　　　　ほうてい

辶	週 近 達 送 道 運 …v.v
	53　84　101　112　192　198

辶 liên quan đến đường phố.

走	起 趣 越 …v.v
	98

走 ＝ 走 (chạy)
　　はし（ります）

趣味 *sở thích, thú vui*　引っ越しします *chuyển nhà*
しゅみ　　　　　　　　　　ひこ

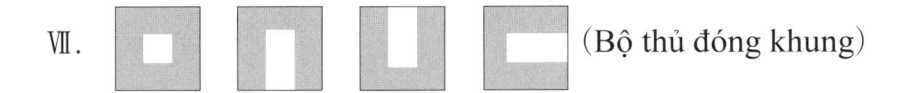

免	勉
	119

Ⅶ. ロ　□　⊔　⊏ （Bộ thủ đóng khung）

口	国 図 困 園 …v.v
	35　177

口 liên quan đến danh giới, biên giới.

困ります *khổ sở*　公園 *công viên*
こま　　　　　　こうえん

冂	円 肉 同 内 …v.v
	24　79　173　201

漢字忍者 4 ―133

門	間 聞 開 閉 問 …v.v
	85　93　214　215

門 ＝ 門 (cổng)
　　もん

門 liên quan đến cổng.

　問題 vấn đề
　もんだい

凵	画 凶 …v.v
	108

　凶悪な hung ác
　きょうあく

匚	医 区 匹 …v.v
	31

匚 diễn tả cái hộp.

　区 quận
　く

　〜匹 ~con (lượng từ đếm những con vật nhỏ như chó, mèo, cá…)
　ひき

漢字忍者　解答

漢字忍者　1

Ⅰ．1．月、日、水　2．会社員、先生、学生　3．今、時、分　4．今晩
　　5．自転車、電車　6．今年、来週

Ⅱ．1．1）去　2）電　3）学　2．1）晩　2）後、行　3）休

漢字忍者　2

Ⅰ．1．1）中　2）左　3）前　4）男の子　5）母　6）ご主人　2．1）小さい
　　2）安い　3）古い　4）高い　5）好きな　6）上手な

Ⅱ．1．1）友　2）右　3）店　2．1）週　2）近　3）起　3．1）円、円　2）聞
　　3）間

漢字忍者　3

Ⅰ．1．（×）大きい昼ごはん　2．（×）長い人　3．（×）新しい昼休み
　　4．（×）暗いコーヒー　5．（×）元気な肉　6．（×）有名な時間
　　7．（×）親切な料理

Ⅱ．1．話、右、短、京、はなし、みぎ・め、みじかい、とうきょう　2．自、
　　見、真、親、じてんしゃ、み、しゃしん、しんせつな　3．赤、待、地、軽
　　あかい、まち、ちかてつ、かるい　4．休、校、新、利、ひるやすみ、こ
　　うこう、しんぶん、べんりな　5．古、南、早、朝、ふるい、みなみ、
　　はやい、けさ

Ⅲ．1．勉強し　2．入り　3．習い　4．止め　5．出

ユニット1　クイズ　　　　名前

I. ＿＿＿の読み方を書いてください。
　　　よ　かた　か

1. 今日は火曜日です。
　きょう

2. 月曜日から金曜日まで働きます。
　　　　　　　　　　　　　はたら

3. 水曜日に東京へ行きます。木曜日に帰ります。
　　　　　　とうきょう　い　　　　　　　　　かえ

4. 日曜日に中川さんのうちへ行きます。
　　　　　　　　　　　　　　　　い

II. 漢字で書いてください。
　　かんじ　か

1. ☐曜日
　 ど　ようび

2. ☐☐さん
　 やま かわ

ユニット2　クイズ　　　　　　　名前

I. ＿＿＿の読み方を書いてください。

1. 来月の四日から七日まで休みます。
   らいげつ　　　　　　　　　　　　　やす

2. 八日は会社へ行きます。
   　　　かいしゃ　い

3. 学校は七月二十日から八月三十一日まで休みです。
   がっこう　しちがつ　　　　　はちがつ　　　　　　　やす

4. わたしの時計は千九百円です。中川さんの時計は五万円です。
   とけい　　　　　　　　　なかがわ

II. 漢字で書いてください。
   かんじ　か

1. ☐月
   に　がつ

2. ☐月
   ろく　がつ

3. ☐月
   く　がつ

ユニット3　クイズ　　名前

I. ＿＿＿の読み方を書いてください。

1. ワンさんは医者です。中国人です。

2. わたしはさくら大学の学生です。

3. 山田さんは会社員です。

4. 先月、日本へ来ました。

II. 漢字で書いてください。

1. ☐☐
   せんせい

2. あの ☐
   ひと

ユニット4 クイズ　　　　名前

Ⅰ. ＿＿＿の読み方を書いてください。

1. 今日、昼休みに銀行へ行きます。

2. 今朝、7時半に起きました。

3. 毎晩、10時にうちへ帰ります。

4. 銀行は午前9時から午後3時までです。

Ⅱ. 漢字で書いてください。

1. 45 □
　　ふん

2. □
　いま

3. □ ですか。
　なん

140—クイズ

ユニット5　クイズ　　　　　名前

Ⅰ.　　　　の読み方を書いてください。

1. 電車で学校へ行きます。

2. 駅はあちらです。

3. これは中川さんの自転車です。

4. 田中さんの誕生日は来週の水曜日です。

5. ミラーさんは今年の8月に国へ帰ります。

Ⅱ. 漢字で書いてください。

1. □ます
　 き

2. □□
　 きょ ねん

ユニット6　クイズ　　　　　名前

I. ＿＿＿の読み方を書いてください。
   よ かた か

1. 大阪は大きい町です。高いビルがたくさんあります。
   おおさか　　　まち　　高い

2. わたしは毎日車で大学へ行きます。新しい車です。
   まいにち　　大学　　い

3. 駅で新聞を買いました。
   えき　新聞　か

4. 庭に黒い犬がいます。
   にわ　黒い　いぬ

II. 漢字で書いてください。
    かんじ か

1. ☐ い
   あお

2. ☐ さい
   ちい

3. ☐ い
   ふる

ユニット7　クイズ　　　名前

Ⅰ. ＿＿＿の読み方を書いてください。

1. 主人はビールが好きです。毎晩、飲みます。

2. きのう新しい魚をもらいました。

3. 冷蔵庫に食べ物が何もありません。

4. 田中さんのお母さんは料理が上手です。

Ⅱ. 漢字で書いてください。

1. いすの □
   　　　 うえ

2. ベッドの □
   　　　　 した

3. □
   　て

ユニット8　クイズ　　　　名前

I. ＿＿＿の読み方を書いてください。

1. 駅の近くにスーパーがあります。スーパーの前に本屋があります。

   本屋と花屋の間に魚屋があります。

2. 今朝は、時間がありませんでした。

   だから、朝ごはんを食べませんでした。

3. うちの外に男の人がいます。

4. 女の子はドアの後ろにいます。

II. 漢字で書いてください。

1. ☐　みぎ

2. ☐　ひだり

3. ☐　なか

ユニット9　クイズ　　　　　名前

I. ＿＿＿の読み方を書いてください。

1. 毎朝、6時に起きます。そして、新聞を読みます。
   まいあさ　じ　　　　　　　　　　新聞　よ

2. 時々、テレビを見ます。

3. きのう、国の友達に電話をかけました。
   　　　　くに

4. 新しいパソコンを買いました。パソコンでレポートを書きました。
   あたら　　　　　　　　　　　　　　　　　　　　　　　　　　か

II. 漢字で書いてください。

1. ☐きます
   き

2. ☐います
   あ

3. ☐ります
   かえ

ユニット10 クイズ　　　名前

I. ＿＿＿ の読み方を書いてください。

1. お茶を飲みませんか。いっしょに旅行の写真を見ましょう。

2. 英語の勉強は楽しいです。

3. 友達に中国語を教えます。そして、日本語を習います。

4. きのうの晩、父に手紙を書きました。

5. 母は中国の映画が好きです。

II. 漢字で書いてください。

1. お☐
   さけ

2. ☐
   みせ

3. ☐
   かみ

ユニット11　クイズ　　　　　名前

I. ＿＿＿の読み方を書いてください。

1. 友達に旅行の写真を送ります。
   ともだち　　　　　しゃしん

2. 兄は英語を教えています。そして、タイ語を習っています。
   あに　えいご　　　　　　　　　　　　　　ご

3. 本を貸してください。
   ほん

4. 友達にはさみを借ります。
   ともだち

5. 妹はニューヨークで映画の勉強をしています。
   いもうと　　　　　　　えいが

II. 漢字で書いてください。
    かんじ　か

1. ☐
   はな

2. ☐☐
   きって

クイズ—147

ユニット12 クイズ　　　　名前

I. ＿＿＿の読み方を書いてください。

1. 駅の前に車を止めました。そして、1時間、友達を待ちました。

2. 先週、パソコンを売りました。

3. 歩いて学校へ行きます。

4. 雨が降っています。

5. コンピューターソフトを作ります。

6. パソコンを使います。

II. 漢字で書いてください。

1. ☐ります
   はい

2. ☐ます
   で

3. ☐ちます
   た

ユニット13　クイズ　　　名前

I. ＿＿＿の読み方を書いてください。

1. わたしの部屋(へや)は暗いです。

2. わたしの町(まち)は車(くるま)が多くて、緑が少ないです。

3. このパソコンは調子(ちょうし)が悪いです。早く新しいのを買いたいです。

4. わたしは髪(かみ)が長いです。妹(いもうと)は髪が短いです。

II. 漢字(かんじ)で書いてください。

1. ☐るい
　あか

2. ☐い
　ひろ

3. ☐い
　おも

クイズ—149

ユニット14 クイズ　　　名前

I. _____ の読み方を書いてください。

1. 会社の名前を教えてください。
   かいしゃ　　おし

2. 地下鉄で会社へ行きます。ＪＲより速くて、便利です。
   　　かいしゃ い　　　　　　はや

3. 会社は有名ですが、仕事はおもしろくないです。
   かいしゃ

4. 山川さんはとても親切な人です。
   やまかわ　　　　　　　　　ひと

5. 部屋の電気をつけてください。
   へや

II. 漢字で書いてください。
   かんじ か

1. ☐☐な
   げん き

2. ☐せます
   み

ユニット15 クイズ　　　名前

I. _____ の読み方を書いてください。

1. きのうの夜、日本料理を食べました。

2. バスで東京へ行きました。

3. 3か月、友達と北アメリカと南アメリカを旅行しました。

4. 休みは日曜日だけです。土曜日は休みじゃありません。

5. わたしは西ヨーロッパが好きです。

II. 漢字で書いてください。

1. ☐
   くち

2. ☐
   め

3. ☐
   あし

ユニット16　クイズ　　　　名前

I. _____ の読み方を書いてください。

1. 会議は何時に終わると思いますか。

2. この漢字の読み方がわかりません。

3. あの方を知っていますか。

4. 今日は朝から雨が降っています。

5. きのうの晩、1時に寝ました。

II. 漢字で書いてください。

1. ☐じ
   おな

2. ☐います
   い

3. ☐します
   はな

ユニット17 クイズ　　　　名前

Ⅰ. ＿＿＿の読み方を書いてください。

1. 地図を持っています。

2. 駅から銀行まで5分ぐらいです。

3. 新しい服を着ます。

4. 一度も図書館へ行ったことがありません。

Ⅱ. 漢字で書いてください。

1. ☐
   まち

2. ☐しい
   たの

3. ☐んでいます
   す

ユニット18 クイズ　　　　名前

I. ＿＿＿の読み方を書いてください。

1. 夏は暑いです。冬は寒いです。
   （なつ）（あつ）　（ふゆ）（さむ）

2. わたしの家の近くは道が狭いです。
   （いえ）（ちか）　（みち）（せま）

3. 大学の食堂は木の建物です。古い建物です。
   （だいがく）（しょくどう）（き）（たてもの）（ふる）（たてもの）

4. 父は病院が嫌いです。薬も飲みません。
   （ちち）（びょういん）（きら）　（くすり）（の）

5. 妹の趣味は車の運転です。
   （いもうと）（しゅみ）（くるま）（うんてん）

6. 東京へ行ったとき、初めて新幹線に乗りました。
   （とうきょう）（い）　（はじ）（しんかんせん）（の）

II. 漢字で書いてください。

1. ☐
   あき

2. ☐
   はる

3. ☐
   からだ

ユニット19 クイズ　　名前

I. ＿＿＿の読み方を書いてください。

1. わたしの家族は3人です。家内と子どもが1人います。

2. 近くに両親の家があります。両親は兄と住んでいます。

3. ミラーさんのお姉さんに買い物に連れて行ってもらいました。

4. 父にもらった時計が動きません。

II. 漢字で書いてください。

1. お□さん
   にい

2. □
   いもうと

3. □
   おと

ユニット20　クイズ　　　名前

I. ＿＿＿の読み方を書いてください。

1. ホテルに着きました。そして、すぐ部屋の窓を開けました。

2. 教室のドアを閉めてください。

3. 毎晩、自分で料理を作ります。

II. 漢字で書いてください。

1. ☐☐
   てん　き

2. ☐えます
   かんが

クイズ 解答
かいとう

ユニット 1
Ⅰ．1．かようび　2．げつようび、きんようび　3．すいようび、もくようび　4．にちようび、なかがわさん
Ⅱ．1．土　2．山川

ユニット 2
Ⅰ．1．よっか、なのか　2．ようか　3．はつか、さんじゅういちにち　4．せんきゅうひゃくえん、ごまんえん
Ⅱ．1．二　2．六　3．九

ユニット 3
Ⅰ．1．いしゃ、ちゅうごくじん　2．だいがく、がくせい　3．かいしゃいん　4．せんげつ、にほん
Ⅱ．1．先生　2．人

ユニット 4
Ⅰ．1．きょう、ひるやすみ　2．けさ、しちじはん　3．まいばん　4．ごぜん、ごご
Ⅱ．1．分　2．今　3．何

ユニット 5
Ⅰ．1．でんしゃ、がっこう、いき　2．えき　3．じてんしゃ　4．らいしゅう　5．ことし
Ⅱ．1．来　2．去年

ユニット 6
Ⅰ．1．おおきい、たかい　2．くるま、だいがく、あたらしい　3．しんぶん　4．くろい
Ⅱ．1．青　2．小　3．古

ユニット 7
Ⅰ．1．しゅじん、すき、のみ　2．さかな　3．たべもの　4．おかあさん、じょうず

Ⅱ．1．上　2．下　3．手

ユニット8
Ⅰ．1．ちかく、あいだ　2．じかん　3．そと、おとこのひと　4．おんなのこ、うしろ
Ⅱ．1．右　2．左　3．中

ユニット9
Ⅰ．1．おき、しんぶん　2．ときどき、み　3．ともだち、でんわ　4．かい
Ⅱ．1．聞　2．会　3．帰

ユニット10
Ⅰ．1．おちゃ、しゃしん　2．えいご　3．ちゅうごくご、にほんご　4．てがみ　5．えいが
Ⅱ．1．酒　2．店　3．紙

ユニット11
Ⅰ．1．りょこう、おくり　2．おしえて、ならって　3．かして　4．かり　5．べんきょう
Ⅱ．1．花　2．切手

ユニット12
Ⅰ．1．とめ、まち　2．うり　3．あるいて　4．あめ　5．つくり　6．つかい
Ⅱ．1．入　2．出　3．立

ユニット13
Ⅰ．1．くらい　2．おおくて、すくない　3．わるい、はやく　4．ながい、みじかい
Ⅱ．1．明　2．広　3．重

ユニット14
Ⅰ．1．なまえ　2．ちかてつ、べんり　3．ゆうめい、しごと　4．しんせつな　5．でんき

Ⅱ．1．元気　2．見

ユニット15
Ⅰ．1．よる、りょうり　2．とうきょう　3．きた、みなみ　4．にちようび　5．にし
Ⅱ．1．口　2．目　3．足

ユニット16
Ⅰ．1．おわる、おもい　2．かんじ、よみかた　3．しって　4．ふって　5．ね
Ⅱ．1．同　2．言　3．話

ユニット17
Ⅰ．1．ちず、もって　2．ぎんこう　3．ふく、き　4．いちども、としょかん
Ⅱ．1．町　2．楽　3．住

ユニット18
Ⅰ．1．なつ、ふゆ　2．みち　3．たてもの　4．びょういん　5．うんてん　6．のり
Ⅱ．1．秋　2．春　3．体

ユニット19
Ⅰ．1．かぞく、かない　2．いえ、あに　3．おねえさん　4．とけい、うごき
Ⅱ．1．兄　2．妹　3．音

ユニット20
Ⅰ．1．つき、へや、まど、あけ　2．きょうしつ、しめて　3．じぶんで
Ⅱ．1．天気　2．考

監修者
西口光一（にしぐちこういち）　　大阪大学　名誉教授
　　　　　　　　　　　　　　　　広島大学森戸国際高等教育学院　特任教授

著者
新矢麻紀子（しんやまきこ）　　　大阪産業大学国際学部　教授
古賀千世子（こがちせこ）　　　　元神戸大学留学生センター　非常勤講師
　　　　　　　　　　　　　　　　元松下電器産業株式会社海外研修所　講師
髙田亨（たかだとおる）　　　　　元関西学院大学国際教育・協力センター　特別契約准教授
御子神慶子（みこがみけいこ）　　一般財団法人海外産業人材育成協会（HIDA）　日本語講師
　　　　　　　　　　　　　　　　グループ四次元ポケット

翻訳
LÊ LỆ THỦY（レー・レ・トゥイ）

本文イラスト
西野昌彦

表紙イラスト
さとう恭子

装丁デザイン
山田武

みんなの日本語　初級Ⅰ　第2版
漢字　ベトナム語版

2014年7月2日　初版第1刷発行
2025年2月14日　第 5 刷 発 行

監修者　　西口光一
著　者　　新矢麻紀子　古賀千世子　髙田亨　御子神慶子
発行者　　藤嵜政子
発　行　　株式会社　スリーエーネットワーク
　　　　　〒102-0083　東京都千代田区麹町3丁目4番
　　　　　　　　　　　トラスティ麹町ビル2F
　　　　　電話　営業　03（5275）2722
　　　　　　　　編集　03（5275）2725
　　　　　https://www.3anet.co.jp/
印　刷　　倉敷印刷株式会社

ISBN978-4-88319-698-2 C0081
落丁・乱丁本はお取り替えいたします。
本書の全部または一部を無断で複写複製（コピー）することは著作権法上
での例外を除き、禁じられています。
「みんなの日本語」は株式会社スリーエーネットワークの登録商標です。

みんなの日本語シリーズ

みんなの日本語 初級I 第2版

- 本冊（CD付） ················ 2,750円（税込）
- 本冊 ローマ字版（CD付） ···· 2,750円（税込）
- 翻訳・文法解説 ············ 各2,200円（税込）
  英語版／ローマ字版【英語】／中国語版／韓国語版／
  ドイツ語版／スペイン語版／ポルトガル語版／
  ベトナム語版／イタリア語版／フランス語版／
  ロシア語版(新版)／タイ語版／インドネシア語版／
  ビルマ語版／シンハラ語版／ネパール語版
- 教え方の手引き ··············· 3,080円（税込）
- 初級で読めるトピック25 ···· 1,540円（税込）
- 聴解タスク25 ··················· 2,200円（税込）
- 標準問題集 ························ 990円（税込）
- 漢字 英語版 ··················· 1,980円（税込）
- 漢字 ベトナム語版 ············ 1,980円（税込）
- 漢字練習帳 ························ 990円（税込）
- 書いて覚える文型練習帳 ···· 1,430円（税込）
- 導入・練習イラスト集 ········ 2,420円（税込）
- CD 5枚セット ··················· 8,800円（税込）
- 会話DVD ························· 8,800円（税込）
- 会話DVD　PAL方式 ······ 8,800円（税込）
- 絵教材CD-ROMブック ······ 3,300円（税込）

みんなの日本語 初級II 第2版

- 本冊（CD付） ················ 2,750円（税込）
- 翻訳・文法解説 ············ 各2,200円（税込）
  英語版／中国語版／韓国語版／ドイツ語版／
  スペイン語版／ポルトガル語版／ベトナム語版／
  イタリア語版／フランス語版／ロシア語版(新版)／
  タイ語版／インドネシア語版／ビルマ語版／
  シンハラ語版／ネパール語版
- 教え方の手引き ··············· 3,080円（税込）
- 初級で読めるトピック25 ···· 1,540円（税込）
- 聴解タスク25 ··················· 2,640円（税込）
- 標準問題集 ························ 990円（税込）
- 漢字 英語版 ··················· 1,980円（税込）
- 漢字 ベトナム語版 ············ 1,980円（税込）
- 漢字練習帳 ····················· 1,320円（税込）
- 書いて覚える文型練習帳 ···· 1,430円（税込）
- 導入・練習イラスト集 ········ 2,640円（税込）
- CD 5枚セット ··················· 8,800円（税込）
- 会話DVD ························· 8,800円（税込）
- 会話DVD　PAL方式 ······ 8,800円（税込）
- 絵教材CD-ROMブック ······ 3,300円（税込）

みんなの日本語 初級 第2版

- やさしい作文 ···················· 1,320円（税込）

みんなの日本語 中級I

- 本冊（CD付） ················ 3,080円（税込）
- 翻訳・文法解説 ············ 各1,760円（税込）
  英語版／中国語版／韓国語版／ドイツ語版／
  スペイン語版／ポルトガル語版／フランス語版／
  ベトナム語版
- 教え方の手引き ··············· 2,750円（税込）
- 標準問題集 ························ 990円（税込）
- くり返して覚える単語帳 ······ 990円（税込）

みんなの日本語 中級II

- 本冊（CD付） ················ 3,080円（税込）
- 翻訳・文法解説 ············ 各1,980円（税込）
  英語版／中国語版／韓国語版／ドイツ語版／
  スペイン語版／ポルトガル語版／フランス語版／
  ベトナム語版
- 教え方の手引き ··············· 2,750円（税込）
- 標準問題集 ························ 990円（税込）
- くり返して覚える単語帳 ······ 990円（税込）

- 小説 ミラーさん
  ―みんなの日本語初級シリーズ―
- 小説 ミラーさんII
  ―みんなの日本語初級シリーズ―
  ····································· 各1,100円（税込）

スリーエーネットワーク

ウェブサイトで新刊や日本語セミナーをご案内しております。
https://www.3anet.co.jp/

みんなの日本語

Minna no Nihongo

初級I 第2版

漢字 ベトナム語版 参考冊

Phụ lục chữ Hán

スリーエーネットワーク

Chữ Hán và từ Hán đối tượng học

Một số điều cần lưu ý

- Những từ Hán được lấy làm ví dụ minh họa không hẳn là mang tính phổ quát. Tóm lại, những chữ Hán là đối tượng học tương ứng cũng có thể sử dụng cho từ Hán khác.
- Trong trường hợp ví dụ từ Hán có hai phần thì phần trên là từ Hán được học trong cuốn sách này còn phần dưới thì không phải là từ Hán đối tượng học.
- Cách đọc của tất cả bảng chữ Hán thông dụng được in ở sau các ví dụ về từ Hán. Bảng chữ Hán thông dụng là tài liệu về chỉ số sử dụng của các chữ Hán do Bộ Giáo dục biên soạn.
- Những từ Hán được khoanh trong khung là những từ dùng để tham khảo.
- Tiếng Việt in hoa ở bên phải số thứ tự chữ Hán là cách đọc âm Hán-Việt của chữ Hán.

Cách sử dụng ký hiệu

- Ý nghĩa của chữ Hán
△ Cách đọc Kunyomi của chữ Hán (hay còn gọi là cách đọc theo âm thuần Nhật)
▲ Cách đọc Onyomi của chữ Hán (hay còn gọi là cách đọc theo âm Hán – Nhật)
＊ Chỉ những chữ Hán đó không bao gồm trong 220 chữ Hán đối tượng học.

＜注意＞

・漢字語の語例は包括的なものではありません。つまり、当該の学習漢字は他の漢字語でも使われることがあります。
・漢字語の語例が2つの部分に分かれている場合は、上の部分が本書で学習する学習漢字語で、下の部分は学習漢字語ではありません。
・常用漢字表のすべての読み方が漢字語の語例の後に示されています。
　常用漢字表というのは、文部科学省が作成した漢字使用の目安を示した資料です。
・枠で囲まれて出されている漢字語は参考のために出されたものです。
・漢字番号の右の大文字のベトナム語は、漢字のベトナム語の読みを表しています。

＜記号の使用法＞

- 漢字の意味
△ 漢字の訓読み（あるいは日本式読み）
▲ 漢字の音読み（あるいは中国式読み）
＊ その漢字が220の学習漢字に含まれないことを示す。

ユニット 1

日 1 NHẬT	• *mặt trời* (nghĩa gốc) • *ngày*
日曜日 にちようび	Chủ nhật
～曜日 ようび	thứ ～
今日 きょう	hôm nay
毎日 まいにち	hàng ngày
日本 にほん	Nhật Bản
日本人 にほんじん	người Nhật
日本語 にほんご	tiếng Nhật
～日 にち	～ ngày (số lượng), ngày mùng ～ Tham khảo thêm <Số đếm ngày và các ngày trong tháng>, trang 4

| 日
ひ | ngày |

△ひ、か ▲にち、じつ

月 2 NGUYỆT	• *mặt trăng* • *tháng*
月曜日 げつようび	thứ Hai
～月 がつ	tháng ～
～か月 げつ	～ tháng
先月 せんげつ	tháng trước
今月 こんげつ	tháng này
来月 らいげつ	tháng sau
毎月 まいつき	hàng tháng

| 月
つき | mặt trăng |

△つき ▲げつ、がつ

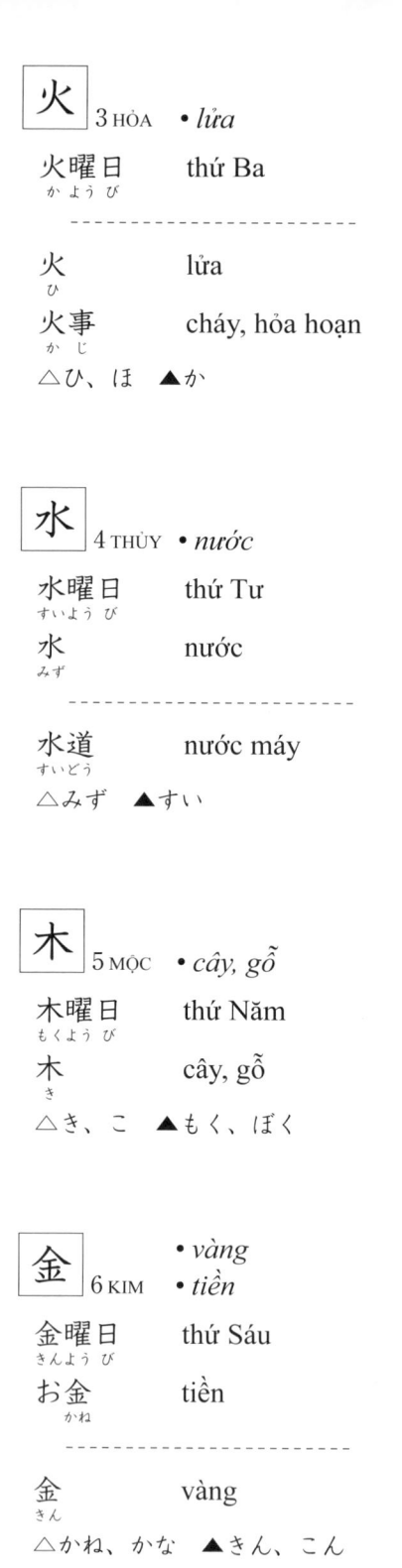

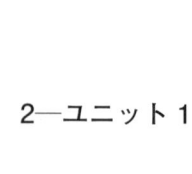

火 3 HỎA	• *lửa*
火曜日 かようび	thứ Ba

| 火
ひ | lửa |
| 火事
かじ | cháy, hỏa hoạn |

△ひ、ほ ▲か

水 4 THỦY	• *nước*
水曜日 すいようび	thứ Tư
水 みず	nước

| 水道
すいどう | nước máy |

△みず ▲すい

木 5 MỘC	• *cây, gỗ*
木曜日 もくようび	thứ Năm
木 き	cây, gỗ

△き、こ ▲もく、ぼく

金 6 KIM	• *vàng* • *tiền*
金曜日 きんようび	thứ Sáu
お金 かね	tiền

| 金
きん | vàng |

△かね、かな ▲きん、こん

| 土 | 7 THỔ • *đất, mặt đất* |

土曜日　　thứ Bảy
どようび

- -

土　　　　đất
つち

土地　　　đất, mặt đất
と ち

△つち　▲ど、と

| 山 | 8 SƠN • *núi* |

山　　　　núi
やま

山田　　　tên họ người Nhật
やまだ

山川　　　tên họ người Nhật
やまかわ

△やま　▲さん

| 川 | 9 XUYÊN • *sông, suối* |

川　　　　sông, suối
かわ

山川　　　tên họ người Nhật
やまかわ

中川　　　tên họ người Nhật
なかがわ

△かわ　▲せん

| 田 | 10 ĐIỀN • *đồng, ruộng* |

田中　　　tên họ người Nhật
たなか

山田　　　tên họ người Nhật
やまだ

- -

田　　　　đồng, ruộng
た

△た　▲でん

| 一 | 11 NHẤT • *một* |

一　　　　một
いち

一日　　　một ngày
いちにち

一日　　　ngày mùng một
ついたち

一つ　　　một cái
ひと

一人　　　một người
ひとり

一度　　　một lần
いちど

一度も　　chưa một lần, chưa bao
いちど　　giờ

△ひと(つ)、ひと　▲いち、いつ

| 二 | 12 NHỊ • *hai* |

二　　　　hai
に

二日　　　ngày mùng hai, hai ngày
ふつか

二十日　　ngày 20, 20 ngày
はつか

二つ　　　hai cái
ふた

二人　　　hai người
ふたり

△ふた(つ)、ふた　▲に

| 三 | 13 TAM • *ba* |

三　　　　ba
さん

三日　　　ngày mùng ba, ba ngày
みっか

三つ　　　ba cái
みっ

△みっ(つ)、み、み(つ)　▲さん

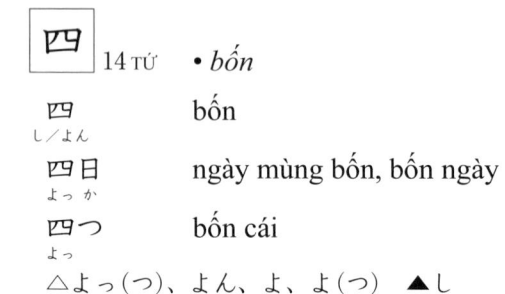

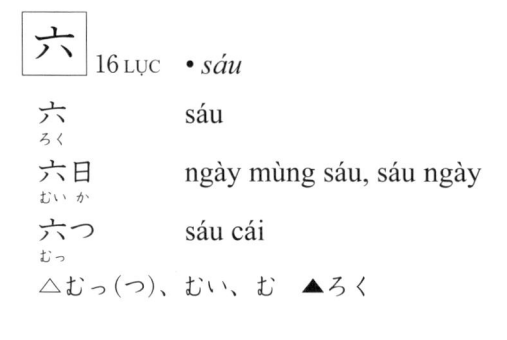

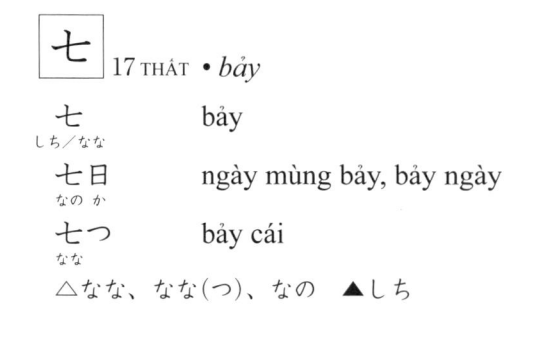

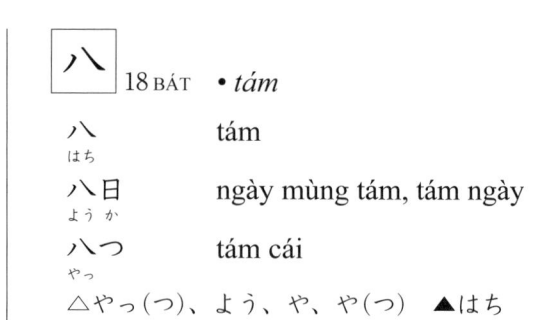

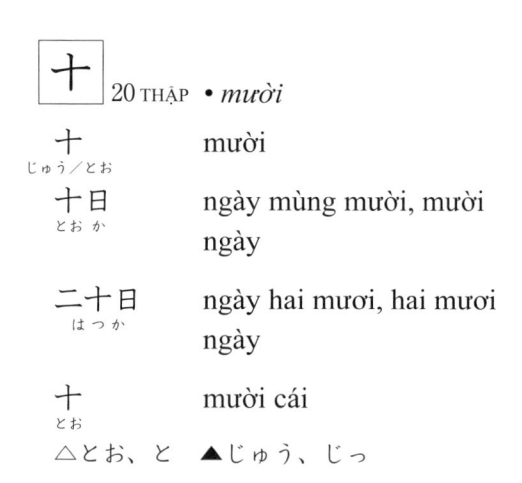

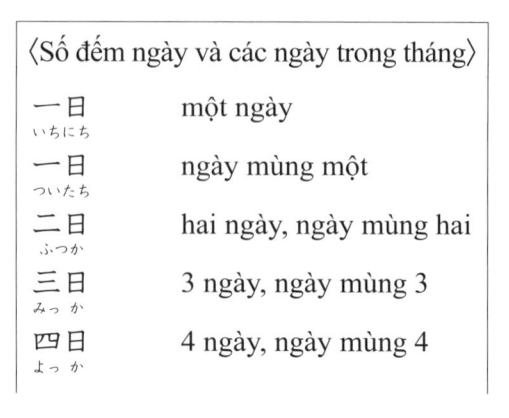

四	14 TỨ • *bốn*		八	18 BÁT • *tám*
四 し／よん	bốn		八 はち	tám
四日 よっか	ngày mùng bốn, bốn ngày		八日 ようか	ngày mùng tám, tám ngày
四つ よっ	bốn cái		八つ やっ	tám cái
△よっ(つ)、よん、よ、よ(つ)　▲し			△やっ(つ)、よう、や、や(つ)　▲はち	

五	15 NGŨ • *năm*		九	19 CỬU • *chín*
五 ご	năm		九 きゅう／く	chín
五日 いつか	ngày mùng năm, năm ngày		九日 ここのか	ngày mùng chín, chín ngày
五つ いつ	năm cái		九つ ここの	chín cái
△いつ(つ)、いつ　▲ご			△ここの(つ)、ここの　▲きゅう、く	

六	16 LỤC • *sáu*		十	20 THẬP • *mười*
六 ろく	sáu		十 じゅう／とお	mười
六日 むいか	ngày mùng sáu, sáu ngày		十日 とおか	ngày mùng mười, mười ngày
六つ むっ	sáu cái		二十日 はつか	ngày hai mươi, hai mươi ngày
△むっ(つ)、むい、む　▲ろく			十 とお	mười cái
			△とお、と　▲じゅう、じっ	

七	17 THẤT • *bảy*
七 しち／なな	bảy
七日 なのか	ngày mùng bảy, bảy ngày
七つ なな	bảy cái
△なな、なな(つ)、なの　▲しち	

⟨Số đếm ngày và các ngày trong tháng⟩

一日 いちにち	một ngày
一日 ついたち	ngày mùng một
二日 ふつか	hai ngày, ngày mùng hai
三日 みっか	3 ngày, ngày mùng 3
四日 よっか	4 ngày, ngày mùng 4

五日 いつか	5 ngày, ngày mùng 5
六日 むいか	6 ngày, ngày mùng 6
七日 なのか	7 ngày, ngày mùng 7
八日 ようか	8 ngày, ngày mùng 8
九日 ここのか	9 ngày, ngày mùng 9
十日 とおか	10 ngày, ngày mùng 10
二十日 はつか	20 ngày, ngày 20
十四日 じゅうよっか	14 ngày, ngày 14
二十四日 にじゅうよっか	24 ngày, ngày 24

百 21 BÁCH • *một trăm*

百 ひゃく　　một trăm
▲ひゃく

<～百>

百 ひゃく	một trăm
二百 にひゃく	hai trăm
三百 さんびゃく	ba trăm
四百 よんひゃく	bốn trăm
五百 ごひゃく	năm trăm
六百 ろっぴゃく	sáu trăm
七百 ななひゃく	bảy trăm
八百 はっぴゃく	tám trăm
九百 きゅうひゃく	chín trăm

千 22 THIÊN • *một nghìn*

千 せん　　một nghìn
△ち　▲せん

<～千>

千 せん	một nghìn
二千 にせん	hai nghìn
三千 さんぜん	ba nghìn
四千 よんせん	bốn nghìn
五千 ごせん	năm nghìn
六千 ろくせん	sáu nghìn
七千 ななせん	bảy nghìn
八千 はっせん	tám nghìn
九千 きゅうせん	chín nghìn

万 23 VẠN • *10 nghìn*

万 まん　　10 nghìn
▲まん、ばん

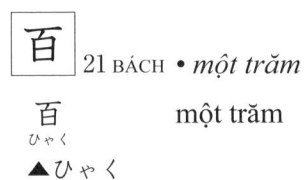

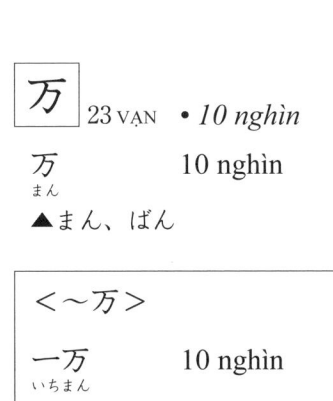

<～万>

一万 いちまん	10 nghìn
一万円 いちまんえん	10 nghìn yên
十万円 じゅうまんえん	100 nghìn yên
百万円 ひゃくまんえん	1 triệu yên

円 24 VIÊN	• *vòng tròn* (nghĩa gốc) • *yên* (tiền Nhật)
～円 えん	～ yên

円高 えんだか	đồng yên tăng giá
円安 えんやす	đồng yên giảm giá

△ まる(い) ▲ えん

ユニット 3

学 25 HỌC	• *học tập*
学生 がくせい	sinh viên
学校 がっこう	trường học
大学 だいがく	đại học
小学校 しょうがっこう	trường tiểu học
中学校 ちゅうがっこう	trường THCS
小学生 しょうがくせい	học sinh tiểu học
中学生 ちゅうがくせい	học sinh THCS
大学生 だいがくせい	sinh viên đại học

△ まな(ぶ) ▲ がく

生 26 SINH	• *sinh sống* • *sinh, ra đời* • *tươi* • *người ở trong trường học*
学生 がくせい	sinh viên
小学生 しょうがくせい	học sinh tiểu học
中学生 ちゅうがくせい	học sinh THCS
高校生 こうこうせい	học sinh THPT
大学生 だいがくせい	sinh viên đại học
先生 せんせい	thày giáo, cô giáo

生まれます う	được sinh ra

生ビール なま	bia tươi
生ジュース なま	nước hoa quả tươi

△ い(きる)、い(かす)、い(ける)、
う(まれる)、う(む)、お(う)、は(える)、
は(やす)、き、なま ▲ せい、しょう

先 27 TIÊN	• *trước*
先生 せんせい	thày giáo, cô giáo
先週 せんしゅう	tuần trước
先月 せんげつ	tháng trước

△ さき ▲ せん

会 28 HỘI	• *họp, gặp gỡ*
会社 かいしゃ	công ty
会社員 かいしゃいん	nhân viên công ty
会います あ	gặp

社会 しゃかい	xã hội
会話 かいわ	hội thoại

△ あ(う) ▲ かい、え

社 29 XÃ • công ty

会社 (かいしゃ)	công ty
会社員 (かいしゃいん)	nhân viên công ty

社会 (しゃかい)	xã hội
社員 (しゃいん)	nhân viên của Công ty ~

△ やしろ　▲ しゃ

員 30 VIÊN • thành viên

会社員 (かいしゃいん)	nhân viên công ty
銀行員 (ぎんこういん)	nhân viên ngân hàng

社員 (しゃいん)	nhân viên của Công ty ~

▲ いん

医 31 Y • y tế

医者 (いしゃ)	bác sỹ

▲ い

者 32 GIẢ • người (làm một chuyên môn gì đó)

医者 (いしゃ)	bác sỹ

△ もの　▲ しゃ

本 33 BẢN
• sách
• chính
• sự thật, đích thực

本 (ほん)	sách
本屋 (ほんや)	cửa hàng sách
日本 (にほん)	Nhật Bản
日本人 (にほんじん)	người Nhật
日本語 (にほんご)	tiếng Nhật

古本 (ふるほん)	sách cũ
本社 (ほんしゃ)	trụ sở chính

△ もと　▲ ほん

中 34 TRUNG
• trong, bên trong
• trung tâm, giữa chừng

中 (なか)	trong, bên trong
田中 (たなか)	tên họ người Nhật
中川 (なかがわ)	tên họ người Nhật
中国 (ちゅうごく)	Trung Quốc
中国人 (ちゅうごくじん)	người Trung Quốc
中国語 (ちゅうごくご)	tiếng Trung
中学校 (ちゅうがっこう)	trường THCS
中学生 (ちゅうがくせい)	học sinh THCS

中東 (ちゅうとう)	Trung Đông
一日中 (いちにちじゅう)	cả ngày
話し中 (はなしちゅう)	đang nói chuyện

△ なか　▲ ちゅう

国 35 QUỐC • đất nước, Nhà nước

国 (くに)	đất nước, Nhà nước
中国 (ちゅうごく)	Trung Quốc
中国人 (ちゅうごくじん)	người Trung Quốc

ユニット 3—7

中国語 ちゅうごくご	tiếng Trung	
外国 がいこく	nước ngoài	
外国人 がいこくじん	người nước ngoài	
外国語 がいこくご	ngoại ngữ	

- -

国内の こくない	trong nước, nội địa

△くに　▲こく

人 36 NHÂN
- *con người*
- *dân tộc, dân*
- *người*

日本人 にほんじん	người Nhật
中国人 ちゅうごくじん	người Trung Quốc
外国人 がいこくじん	người nước ngoài
～人 じん	người ~
人 ひと	người, con người
男の人 おとこ ひと	người đàn ông
女の人 おんな ひと	người đàn bà
あの人 ひと	người kia
主人 しゅじん	chồng (tôi)
ご主人 しゅじん	chồng (người khác)
一人 ひとり	một người
二人 ふたり	hai người
～人 にん	~ người

- -

大人 おとな	người lớn

△ひと　▲じん、にん

ユニット 4

今 37 KIM • *bây giờ, hiện nay, hiện tại*

今 いま	bây giờ, hiện nay, hiện tại
今日 きょう	hôm nay
今朝 けさ	sáng nay
今晩 こんばん	tối nay
今週 こんしゅう	tuần này
今月 こんげつ	tháng này
今年 ことし	năm nay

△いま　▲こん、きん

朝 38 TRIỀU • *buổi sáng*

朝 あさ	buổi sáng
朝ごはん あさ	cơm sáng
毎朝 まいあさ	hàng sáng
今朝 けさ	sáng nay

△あさ　▲ちょう

昼 39 TRÚ
- *buổi trưa*
- *ban ngày*

昼 ひる	buổi trưa
昼ごはん ひる	cơm trưa
昼休み ひるやす	nghỉ trưa

△ひる　▲ちゅう

| 晩 | 40 VÃN | • buổi tối, đêm |

晩 ばん	buổi tối, đêm
晩ごはん ばん	cơm tối
今晩 こんばん	tối nay, đêm nay
毎晩 まいばん	hàng tối, hàng đêm

▲ばん

| 時 | 41 THỜI | • thời gian |

～時 じ	～ giờ
～時半 じはん	～ giờ rưỡi
～時間 じかん	～ tiếng
～時間半 じかんはん	～ tiếng rưỡi
時間 じかん	thời gian
時計 とけい	đồng hồ
時々 ときどき	thỉnh thoảng

※ "々" là ký hiệu dùng để biểu thị rằng chữ Hán đứng đằng trước sẽ được nhắc lại.

- -

| ～の時 とき | khi ～ |

△とき ▲じ

| 分 | 42 PHÂN | • phút
• phân chia, bị phân chia (nghĩa gốc)
• phần |

| ～分 ふん/ぷん | ～ phút |
| 自分で じぶん | tự mình |

- -

| 半分 はんぶん | một nửa |

△わ(かる)、わ(かれる)、わ(ける)、わ(かつ) ▲ふん、ぶん、ぶ

| 半 | 43 BÁN | • một nửa |

| ～時半 じはん | ～ giờ rưỡi |
| ～時間半 じかんはん | ～ tiếng rưỡi |

- -

| 半分 はんぶん | một nửa |

△なか(ば) ▲はん

| 午 | 44 NGỌ | • trưa |

| 午前 ごぜん | buổi sáng |
| 午後 ごご | buổi chiều |

▲ご

| 前 | 45 TIỀN | • phía trước, mặt trước
• trước, trước khi |

前 まえ	phía trước, mặt trước
午前 ごぜん	buổi sáng
名前 なまえ	tên

- -

| ～(する)前 まえ | trước khi (làm cái gì đó)～ |
| 駅前 えきまえ | trước nhà ga |

△まえ ▲ぜん

| 後 | 46 HẬU | • đằng sau, phía sau
• sau, sau khi |

| 後ろ うし | đằng sau, phía sau |

午後 ごご	buổi chiều
△う し(ろ)、あと、のち、おく(れる)
▲ご、こう

休 47 HƯU	• *nghỉ ngơi, giải lao* • *(sự) nghỉ ngơi, ngày nghỉ*
休み _{やす}	nghỉ ngơi, giải lao, ngày nghỉ
昼休み _{ひるやす}	nghỉ trưa
春休み _{はるやす}	kỳ nghỉ xuân
夏休み _{なつやす}	kỳ nghỉ hè
冬休み _{ふゆやす}	kỳ nghỉ đông
〜休み _{やす}	nghỉ 〜, kỳ nghỉ 〜
休みます _{やす}	nghỉ ngơi
△やす(む)、やす(まる)、やす(める)
▲きゅう

毎 48 MỖI	• *hàng 〜, mỗi 〜*
毎日 _{まいにち}	hàng ngày
毎週 _{まいしゅう}	hàng tuần
毎月 _{まいつき}	hàng tháng
毎年 _{まいとし／まいねん}	hàng năm
毎朝 _{まいあさ}	hàng sáng
毎晩 _{まいばん}	hàng tối
▲まい

何 49 HÀ	• *cái gì, gì, mấy, bao nhiêu*
何 _{なに／なん}	cái gì
何〜 _{なん}	mấy 〜 (何 dùng trước trợ từ số đếm như 何時, 何人, vv...) _{なんじ なん にん}
△なに、なん ▲か

ユニット 5

行 50 HÀNH	• *đi*
行きます _い	đi
銀行 _{ぎんこう}	ngân hàng
銀行員 _{ぎんこういん}	nhân viên ngân hàng
旅行 _{りょこう}	du lịch
旅行します _{りょこう}	đi du lịch
△い(く)、ゆ(く)、おこな(う) ▲こう、ぎょう、あん

来 51 LAI	• *đến, tới* • *tới*
来ます _き	đến
来週 _{らいしゅう}	tuần tới
来月 _{らいげつ}	tháng tới
来年 _{らいねん}	năm tới
外来語 _{がいらいご}	từ ngoại lai
△く(る)、きた(る)、きた(す) ▲らい

校 52 HIỆU	• *nơi tụ tập → trường học*
学校 _{がっこう}	trường học
小学校 _{しょうがっこう}	trường tiểu học
中学校 _{ちゅうがっこう}	trường THCS

銀 179 NGÂN	• bạc
銀行 (ぎんこう)	ngân hàng
銀行員 (ぎんこういん)	nhân viên ngân hàng

銀 (ぎん)　bạc
▲ぎん

町 180 ĐINH	• thị trấn, thị xã
町 (まち)	thị trấn, thị xã

△まち　▲ちょう

住 181 TRÚ, TRỤ	• ở
住んでいます (す)	ở

△す(む)、す(まう)　▲じゅう

度 182 ĐỘ	• độ • lần
一度 (いちど)	một lần
一度も (いちど)	chưa một lần, chưa bao giờ

～度 (ど)　～độ
*温度 (おんど)　nhiệt độ
△たび　▲ど、と、たく

服 183 PHỤC	• quần áo
服 (ふく)	quần áo

▲ふく

着 184 TRƯỚC	• mặc • đến nơi
着ます (き)	mặc
着物 (きもの)	kimono
上着 (うわぎ)	áo khoác
下着 (したぎ)	đồ lót
着きます (つ)	đến nơi

着せます (き)　mặc (cho ai đó)
△き(る)、き(せる)、つ(く)、つ(ける)
▲ちゃく、じゃく

音 185 ÂM	• âm thanh, tiếng động
音楽 (おんがく)	âm nhạc
音 (おと)	âm thanh, tiếng động

△おと、ね　▲おん、いん

楽 186 LẠC	• vui, vui thú • nhẹ nhàng, dễ dàng
音楽 (おんがく)	âm nhạc
楽しい (たの)	vui

楽な (らく)　nhẹ nhàng, dễ dàng
△たの(しい)、たの(しむ)
▲がく、らく

持 187 TRÌ	• có • cầm, giữ
持ちます (も)	cầm, có
持っています (も)	có

△も(つ)　▲じ

| 春 | 188 XUÂN • *mùa xuân* |

春 mùa xuân
はる
春休み kỳ nghỉ xuân
はるやす
△はる ▲しゅん

| 夏 | 189 HẠ • *mùa hè* |

夏 mùa hè
なつ
夏休み kỳ nghỉ hè
なつやす
△なつ ▲か、げ

| 秋 | 190 THU • *mùa thu* |

秋 mùa thu
あき
△あき ▲しゅう

| 冬 | 191 ĐÔNG • *mùa đông* |

冬 mùa đông
ふゆ
冬休み kỳ nghỉ đông
ふゆやす
△ふゆ ▲とう

| 道 | 192 ĐẠO • *con đường* |

道 con đường
みち

水道 nước máy
すいどう
北海道 Hokkaido
ほっかいどう
歩道 vỉa hè
ほどう

近道 đường tắt
ちかみち
△みち ▲どう、とう

| 堂 | 193 ĐƯỜNG • *phòng lớn, hội trường* |

食堂 nhà ăn
しょくどう
▲どう

| 建 | 194 KIẾN • *xây dựng* |

建物 tòa nhà
たてもの
△た(てる)、た(つ) ▲けん、こん

| 病 | 195 BỆNH • *bệnh tật, ốm đau* |

病院 bệnh viện
びょういん
病気 bị bệnh, bị ốm
びょうき
病気の bệnh, ốm
びょうき

病室 phòng bệnh
びょうしつ
△や(む)、やまい ▲びょう、へい

| 院 | 196 VIỆN • *viện (thường gắn vào tên những tòa nhà công, trụ sở công quyền, đền chùa)* |

病院 bệnh viện
びょういん
▲いん

| 体 | 197 THỂ • *cơ thể* |

体 cơ thể
からだ

△からだ ▲たい、てい

運 198 VẬN
• *chở*
• *vận, vận mệnh, vận may*

運転 _{うんてん}	(sự) lái xe
運転します _{うんてん}	lái xe

運 _{うん}	vận, vận mệnh, vận may

△はこ(ぶ) ▲うん

乗 199 THỪA
• *lên xe, cho đi xe*

乗ります _の	lên xe

△の(る)、の(せる) ▲じょう

ユニット 19

家 200 GIA
• *nhà, ngôi nhà*

家 _{いえ}	nhà, ngôi nhà
家内 _{かない}	vợ (tôi)
家族 _{かぞく}	gia đình

画家 _{がか}	họa sỹ
作家 _{さっか}	nhà văn

△いえ、や ▲か、け

内 201 NỘI
• *bên trong*

家内 _{かない}	vợ (tôi)

国内の _{こくない}	trong nước, nội địa

△うち ▲ない、だい

族 202 TỘC
• *dòng họ, gia tộc*

家族 _{かぞく}	gia đình

▲ぞく

兄 203 HUYNH
• *anh trai*

兄 _{あに}	anh trai (tôi)
お兄さん _{にい}	anh trai (người khác)
兄弟 _{きょうだい}	anh em

△あに ▲けい、きょう

弟 204 ĐỆ
• *em trai*

弟 _{おとうと}	em trai (tôi)
弟さん _{おとうと}	em trai (người khác)
兄弟 _{きょうだい}	anh em

△おとうと ▲てい、だい、で

奥 205 ÁO
• *sâu, sâu thẳm, vùng sâu*

奥さん _{おく}	vợ (người khác)

奥 _{おく}	sâu, sâu thẳm, vùng sâu

△おく ▲おう

姉 206 TỶ
• *chị gái*

姉 _{あね}	chị gái (tôi)

お姉さん	chị gái (người khác)
△あね ▲し	

妹 207 MUỘI • *em gái*

妹 (いもうと)	em gái (tôi)
妹さん (いもうと)	em gái (người khác)
△いもうと ▲まい	

海 208 HẢI • *biển*

海 (うみ)	biển
北海道 (ほっかいどう)	Hokkaido
△うみ ▲かい	

計 209 KẾ • *mưu đồ, kế hoạch*
• *cân, đo*

時計 (とけい)	đồng hồ
計画 (けいかく)	kế hoạch
△はか(る)、はか(らう) ▲けい	

ユニット 20

部 210 BỘ • *bộ phận, phòng ban*

部屋 (へや)	phòng
▲ぶ	

屋 211 ỐC • *cửa hàng*

部屋 (へや)	phòng
本屋 (ほんや)	hiệu sách
～屋 (や)	cửa hàng (hiệu) ～
△や ▲おく	

<～屋>

パン屋 (や)	cửa hàng bánh mỳ
本屋 (ほんや)	hiệu sách
花屋 (はなや)	cửa hàng hoa
肉屋 (にくや)	cửa hàng bán thịt
魚屋 (さかなや)	cửa hàng bán cá
電気屋 (でんきや)	cửa hàng đồ điện
自転車屋 (じてんしゃや)	cửa hàng bán xe đạp
酒屋 (さかや)	cửa hàng bán rượu

室 212 THẤT • *phòng*

教室 (きょうしつ)	phòng học
病室 (びょうしつ)	phòng bệnh
△むろ ▲しつ	

窓 213 SONG • *cửa sổ*

窓 (まど)	cửa sổ
△まど ▲そう	

| 開 | 214 KHAI • *mở* |

開けます　mở
あ

開きます　mở (tự thân mở)
あ
△ひら(く)、ひら(ける)、あ(く)、あ(ける)
▲かい

| 閉 | 215 BẾ • *đóng* |

閉めます　đóng, đậy, cất
し

閉まります　đóng (tự thân đóng)
し
△と(じる)、と(ざす)、し(める)、し(まる)
▲へい

| 歌 | 216 CA • *hát, bài hát* |

歌　　　　bài hát
うた
歌います　hát
うた
△うた(う)、うた　▲か

| 意 | 217 Ý • *ý nghĩ, ý định, ý nghĩa* |

意味　　　ý nghĩa
い み

意見　　　ý kiến
い けん
▲い

| 味 | 218 VỊ • *mùi vị* |

意味　　　ý nghĩa
い み
△あじ、あじ(わう)　▲み

| 天 | 219 THIÊN • *trời* |

天気　　　thời tiết
てん き
△あめ、あま　▲てん

| 考 | 220 KHẢO • *suy nghĩ* |

考えます　suy nghĩ, đắn đo
かんが
△かんが(える)　▲こう

Bảng tra từ Hán đối tượng học

[あ]

あいだ　間 85
あ（います）　会 28
あお（い）　青 67
あか（い）　赤 69
あか（るい）　明 132
あき　秋 190
あ（けます）　開 214
あさ　朝 38
あさ（ごはん）　朝 38
あし　足 164
あたら（しい）　新 65
あに　兄 203
あね　姉 206
（あの）かた　方 176
（あの）ひと　人 36
あめ　雨 126
ある（いて）　歩 122
ある（きます）　歩 122
い（います）　言 170
いえ　家 200
い（きます）　行 50
いしゃ　医 31 者 32
いち　一 11
いちど　一 11 度 182
いちど（も）　一 11 度 182
いちにち　一 11 日 1
いつか　五 15 日 1
いつ（つ）　五 15
いぬ　犬 91
いま　今 37
いみ　意 217 味 218
いもうと　妹 207
いもうと（さん）　妹 207
い（れます）　入 127

うえ　上 71
うご（きます）　動 172
うし（ろ）　後 46
うた　歌 216
うた（います）　歌 216
う（まれます）　生 26
うみ　海 208
う（ります）　売 129
うわぎ　上 71 着 184
うんてん　運 198 転 60
うんてん（します）　運 198 転 60
えいが　映 107 画 108
えいご　英 110 語 111
えき　駅 56
〜えき　〜駅 56
〜えん　〜円 24
おお（い）　多 135
おお（きい）　大 63
（お）かあ（さん）　母 74
（お）かね　金 6
お（きます）　起 98
おく（さん）　奥 205
おく（ります）　送 112
（お）さけ　酒 103
おし（えます）　教 117
（お）ちゃ　茶 102
おと　音 185
（お）とう（さん）　父 73
おとうと　弟 204
おとうと（さん）　弟 204
おとこ（の）こ　男 89 子 75
おとこ（の）ひと　男 89 人 36
おな（じ）　同 173
（お）にい（さん）　兄 203
（お）ねえ（さん）　姉 206

33

おも(い) 重140
おも(います) 思167
お(ります) 降166
お(ろします) 下72
お(わります) 終169
おんがく 音185 楽186
おんな(の)こ 女90 子75
おんな(の)ひと 女90 人36

[か]
がいこく 外88 国35
がいこくご 外88 国35 語111
がいこくじん 外88 国35 人36
かいしゃ 会28 社29
かいしゃいん 会28 社29 員30
か(います) 買97
か(い)もの 買97 物83
か(い)もの(します) 買97 物83
かえ(ります) 帰99
か(き)かた 書92 方176
か(きます) 書92
がくせい 学25 生26
(〜か)げつ 月2
か(します) 貸114
かぞく 家200 族202
〜かた 〜方176
〜がつ 〜月2
がっこう 学25 校52
かない 家200 内201
かみ 紙106
かようび 火3 曜165 日1
からだ 体197
か(ります) 借115
かる(い) 軽141
かわ 川9
かんが(えます) 考220
かんじ 漢174 字175
き 木5

き(きます) 聞93
きた 北157
きって 切113 手76
き(ます) 来51
き(ます) 着184
きもの 着184 物83
きゅう／く 九19
きょう 今37 日1
きょうしつ 教117 室212
きょうだい 兄203 弟204
きょねん 去54 年55
き(ります) 切113
ぎんこう 銀179 行50
ぎんこういん 銀179 行50 員30
きんようび 金6 曜165 日1
くち 口162
くに 国35
くるま 車58
くら(い) 暗133
くろ(い) 黒70
けさ 今37 朝38
げつようび 月2 曜165 日1
げんき(な) 元145 気146
ご 五15
〜ご 〜語111
こうこう 高61 校52
こうこうせい 高61 校52 生26
ごご 午44 後46
ここのか 九19 日1
ここの(つ) 九19
(ご)しゅじん 主78 人36
ごぜん 午44 前45
ことし 今37 年55
こ(ども) 子75
こんげつ 今37 月2
こんしゅう 今37 週53
こんばん 今37 晩40

34

[さ]

さかな　魚 80
さん　三 13
し／よん　四 14
～じ　～時 41
じかん　時 41 間 85
～じかん　～時 41 間 85
～じかんはん　～時 41 間 85 半 43
しごと　仕 152 事 153
した　下 72
したぎ　下 72 着 184
しち／なな　七 17
し(っています)　知 171
じてんしゃ　自 59 転 60 車 58
じどうしゃ　自 59 動 172 車 58
～じはん　～時 41 半 43
じぶん(で)　自 59 分 42
し(めます)　閉 215
しゃしん　写 104 真 105
じゅう　十 20
～しゅうかん　～週 53 間 85
しゅじん　主 78 人 36
しょうがくせい　小 64 学 25 生 26
しょうがっこう　小 64 学 25 校 52
じょうず(な)　上 71 手 76
しょくどう　食 81 堂 193
し(りません)　知 171
しろ(い)　白 68
～じん　～人 36
しんせつ(な)　親 147 切 113
しんぶん　新 65 聞 93
すいようび　水 4 曜 165 日 1
す(きな)　好 77
すく(ない)　少 136
すこ(し)　少 136
す(んでいます)　住 181
せん　千 22
せんげつ　先 27 月 2
せんしゅう　先 27 週 53
せんせい　先 27 生 26
そと　外 88

[た]

だいがく　大 63 学 25
だいがくせい　大 63 学 25 生 26
たか(い)　高 61
たか(い)　高 61
だ(します)　出 128
た(ちます)　立 124
たてもの　建 194 物 83
たなか　田 10 中 34
たの(しい)　楽 186
た(べます)　食 81
た(べ)もの　食 81 物 83
ちい(さい)　小 64
ちか(い)　近 84
ちか(く)　近 84
ちか(くの)　近 84
ちかてつ　地 150 下 72 鉄 151
ちず　地 150 図 177
ちち　父 73
ちゅうがくせい　中 34 学 25 生 26
ちゅうがっこう　中 34 学 25 校 52
ちゅうごく　中 34 国 35
ちゅうごくご　中 34 国 35 語 111
ちゅうごくじん　中 34 国 35 人 36
ついたち　一 11 日 1
つか(い)かた　使 130 方 176
つか(います)　使 130
つ(きます)　着 184
つく(ります)　作 131
つよ(い)　強 120
て　手 76
で(かけます)　出 128
てがみ　手 76 紙 106
で(ます)　出 128

35

てんき　天219 気146
でんき　電57 気146
でんしゃ　電57 車58
でんわ　電57 話96
でんわ(します)　電57 話96
とうきょう　東154 京158
どうぶつ　動172 物83
とお　十20
とおか　十20 日1
ときどき　時41 々
とけい　時41 計209
としょかん　図177 書92 館178
と(めます)　止125
ともだち　友100 達101
どようび　土7 曜165 日1

[な]

なか　中34
なが(い)　長137
なかがわ　中34 川9
なつ　夏189
なつやす(み)　夏189 休47
なな(つ)　七17
なに／なん　何49
なのか　七17 日1
なまえ　名149 前45
なら(います)　習118
なん〜　何49 〜
に　二12
にく　肉79
にし　西155
〜にち　〜日1
にちようび　日1 曜165 日1
にほん　日1 本33
にほんご　日1 本33 語111
にほんじん　日1 本33 人36
〜にん　〜人36
ね(ます)　寝168

〜ねん　〜年55
の(みます)　飲82
の(み)もの　飲82 物83
の(ります)　乗199

[は]

はい(ります)　入127
はち　八18
はつか　二12 十20 日1
はな　花121
はなし　話96
はな(します)　話96
はは　母74
はや(い)　早142
はや(く)　早142
はる　春188
はるやす(み)　春188 休47
ばん　晩40
ばん(ごはん)　晩40
ひ　日1
ひがし　東154
ひだり　左87
ひと　人36
ひと(つ)　一11
ひとり　一11 人36
ひゃく　百21
びょういん　病195 院196
びょうき　病195 気146
びょうき(の)　病195 気146
ひる　昼39
ひる(ごはん)　昼39
ひるやす(み)　昼39 休47
ひろ(い)　広134
ふく　服183
ふた(つ)　二12
ふたり　二12 人36
ふつか　二12 日1
ふゆ　冬191

ふゆやす(み)　冬191 休47
ふ(ります)　降166
ふる(い)　古66
〜ふん　〜分42
へた(な)　下72 手76
へや　部210 屋211
べんきょう　勉119 強120
べんきょう(します)　勉119 強120
べんり(な)　便143 利144
ほん　本33
ほんや　本33 屋211

[ま]

まいあさ　毎48 朝38
まいしゅう　毎48 週53
まいつき　毎48 月2
まいとし／まいねん　毎48 年55
まいにち　毎48 日1
まいばん　毎48 晩40
まえ　前45
まち　町180
ま(ちます)　待123
まど　窓213
まん　万23
みぎ　右86
みじか(い)　短138
みず　水4
みせ　店109
み(せます)　見95
みち　道192
みっか　三13 日1
みっ(つ)　三13
みなみ　南156
み(ます)　見95
むいか　六16 日1
むっ(つ)　六16
め　目163
もくようび　木5 曜165 日1

も(ちます)　持187
も(っています)　持187
もの　物83

[や]

〜や　〜屋211
やす(い)　安62
やす(み)　休47
〜やす(み)　〜休47
やす(みます)　休47
やっ(つ)　八18
やま　山8
やまかわ　山8 川9
やまだ　山8 田10
ゆうめい(な)　有148 名149
ようか　八18 日1
〜ようび　〜曜165 日1
よっか　四14 日1
よっ(つ)　四14
よ(み)かた　読94 方176
よ(みます)　読94
よる　夜159

[ら]

らいげつ　来51 月2
らいしゅう　来51 週53
らいねん　来51 年55
りょうり　料160 理161
りょこう　旅116 行50
りょこう(します)　旅116 行50
ろく　六16

[わ]

わる(い)　悪139

(351 từ)

高校 こうこう	trường THPT
高校生 こうこうせい	học sinh THPT
▲こう	

週 53 CHU • tuần

先週 せんしゅう	tuần trước
今週 こんしゅう	tuần này
来週 らいしゅう	tuần tới
毎週 まいしゅう	hàng tuần
～週間 しゅうかん	～ tuần
▲しゅう	

去 54 KHỨ • rời khỏi • đã qua

去年 きょねん	năm ngoái
△さ(る) ▲きょ、こ	

年 55 NIÊN • năm

去年 きょねん	năm ngoái
今年 ことし	năm nay
来年 らいねん	năm tới
毎年 まいとし/まいねん	hàng năm
～年 ねん	～ năm
～年前 ねんまえ	～ năm về trước
△とし ▲ねん	

駅 56 DỊCH • ga

駅 えき	ga
～駅 えき	Ga ～
駅前 えきまえ	trước nhà ga
▲えき	

電 57 ĐIỆN • điện

電車 でんしゃ	tàu điện
電気 でんき	điện
電話 でんわ	điện thoại
電話します でんわ	gọi điện
▲でん	

車 58 XA • xe

車 くるま	xe, xe ô tô
電車 でんしゃ	tàu điện
自転車 じてんしゃ	xe đạp
自動車 じどうしゃ	xe ô tô
△くるま ▲しゃ	

自 59 TỰ • tự bản thân • tự động

自転車 じてんしゃ	xe đạp
自動車 じどうしゃ	xe ô tô
自分で じぶん	tự mình
△みずか(ら) ▲じ、し	

| 転 60 CHUYỂN | • *chuyển động quay* |

自転車 じてんしゃ	xe đạp
運転 うんてん	(sự) lái xe
運転します うんてん	lái xe

△ ころ(がる)、ころ(げる)、ころ(がす)、ころ(ぶ)　▲てん

ユニット 6

| 高 61 CAO | • *cao*
 • *đắt*
 • *nâng cao, tăng* |

高い たか	cao
高い たか	đắt
高校 こうこう	trường THPT
高校生 こうこうせい	học sinh THPT

| 円高
 えんだか | đồng yên tăng giá |

△ たか(い)、たか、たか(まる)、たか(める)　▲こう

| 安 62 AN | • *rẻ*
 • *bình yên* |

| 安い
 やす | rẻ |

| 円安
 えんやす | đồng yên giảm giá |

△ やす(い)　▲あん

| 大 63 ĐẠI | • *to lớn, rộng lớn*
 • *rất* |

大きい おお	to, lớn
大学 だいがく	đại học
大学生 だいがくせい	sinh viên đại học

大使館 たいしかん	đại sứ quán
大人 おとな	người lớn
大好きな だいす	rất thích
大切な たいせつ	quan trọng
大雨 おおあめ	mưa to

△ おお(きい)、おお、おお(いに)　▲だい、たい

| 小 64 TIỂU | • *nhỏ, bé* |

小さい ちい	nhỏ, bé
小学校 しょうがっこう	trường tiểu học
小学生 しょうがくせい	học sinh tiểu học

△ ちい(さい)、こ、お　▲しょう

| 新 65 TÂN | • *mới* |

| 新しい
 あたら | mới |
| 新聞
 しんぶん | báo |

△ あたら(しい)、あら(た)、にい　▲しん

| 古 | 66 CỔ • *cũ* |

古い	cũ
ふる	

古本	sách cũ
ふるほん	

△ふる(い)、ふる(す)　▲こ

| 青 | 67 THANH • *màu xanh* |

青い	xanh
あお	

青	màu xanh
あお	

△あお(い)、あお　▲せい、しょう

| 白 | 68 BẠCH • *màu trắng* |

白い	trắng
しろ	

白	màu trắng
しろ	

△しろ(い)、しろ、しら
▲はく、びゃく

| 赤 | 69 XÍCH • *màu đỏ* |

赤い	đỏ
あか	

赤	màu đỏ
あか	

△あか(い)、あか、あか(らむ)、
あか(らめる)　▲せき、しゃく

| 黒 | 70 HẮC • *màu đen* |

黒い	đen
くろ	

黒	màu đen
くろ	

△くろ(い)、くろ　▲こく

ユニット 7

上	• *trên, bên trên*
	71 THƯỢNG • *tăng lên*

上	trên, bên trên
うえ	
上手な	giỏi
じょうず	
上着	áo khoác
うわぎ	

△うえ、うわ、かみ、あ(げる)、あ(がる)、
のぼ(る)、のぼ(せる)、のぼ(す)
▲じょう、しょう

下	• *dưới, bên dưới*
	72 HẠ • *hạ xuống, hạ thấp*

下	dưới, bên dưới
した	
下手な	kém
へた	
地下鉄	tàu điện ngầm
ちかてつ	
下ろします	hạ xuống, dỡ xuống
お	
下着	đồ lót
したぎ	

地下	ngầm, hầm
ちか	
地下室	phòng hầm
ちかしつ	

△した、しも、もと、さ(げる)、さ(がる)、
くだ(る)、くだ(す)、くだ(さる)、
お(ろす)、お(りる)　▲か、げ

父	73 PHỤ • *bố*
父 _{ちち}	bố (tôi)
お父さん _{とう}	bố (người khác)

△ちち ▲ふ

母	74 MẪU • *mẹ*
母 _{はは}	mẹ (tôi)
お母さん _{かあ}	mẹ (người khác)

△はは ▲ぼ

子	75 TỬ • *con*
子ども _こ	trẻ con
男の子 _{おとこ こ}	bé trai
女の子 _{おんな こ}	bé gái

△こ ▲し、す

手	76 THỦ • *tay, bàn tay, cánh tay*
手 _て	tay, bàn tay, cánh tay
手紙 _{てがみ}	thư
切手 _{きって}	tem
上手な _{じょうず}	giỏi
下手な _{へた}	kém

右手 _{みぎて}	tay phải
左手 _{ひだりて}	tay trái

△て、た ▲しゅ

好	77 HẢO • *thích, ưa thích*
好きな _す	thích, yêu

大好きな _{だいす}	rất thích, ưa thích

△この(む)、す(く) ▲こう

主	78 CHỦ • *chính, người chủ*
主人 _{しゅじん}	chồng (tôi)
ご主人 _{しゅじん}	chồng (người khác)

△ぬし、おも ▲しゅ、す

肉	79 NHỤC • *thịt*
肉 _{にく}	thịt

▲にく

魚	80 NGƯ • *cá*
魚 _{さかな}	cá

△さかな、うお ▲ぎょ

食	81 THỰC • *ăn*
食べます _た	ăn
食べ物 _{た もの}	đồ ăn
食堂 _{しょくどう}	nhà ăn

食事 _{しょくじ}	bữa ăn

△た(べる)、く(う)、く(らう) ▲しょく、じき

飲 82 ẨM	• uống
飲みます (の)	uống
飲み物 (の もの)	đồ uống
△の(む) ▲いん	

物 83 VẬT	• đồ vật
物 (もの)	đồ vật
食べ物 (た もの)	đồ ăn
飲み物 (の もの)	đồ uống
建物 (たてもの)	tòa nhà
着物 (きもの)	kimono
買い物 (か もの)	mua sắm
買い物します (か もの)	đi mua sắm
動物 (どうぶつ)	động vật
△もの ▲ぶつ、もつ	

ユニット 8

近 84 CẬN	• gần, gần kề, lân cận • gần gũi
近く (ちか)	gần kề, lân cận
近くの〜 (ちか)	gần ～
近い (ちか)	gần
近道 (ちかみち)	đường tắt
△ちか(い) ▲きん	

間 85 GIAN	• không gian (giữa thứ này với thứ khác) • khoảng thời gian
間 (あいだ)	giữa (A và B)
時間 (じかん)	thời gian
〜時間 (じかん)	～ tiếng
〜時間半 (じかんはん)	～ tiếng rưỡi
〜週間 (しゅうかん)	～ tuần
△あいだ、ま ▲かん、けん	

右 86 HỮU	• phải
右 (みぎ)	phải, phía tay phải
右手 (みぎて)	tay phải
右足 (みぎあし)	chân phải
△みぎ ▲う、ゆう	

左 87 TẢ	• trái
左 (ひだり)	trái, phía tay trái
左手 (ひだりて)	tay trái
左足 (ひだりあし)	chân trái
△ひだり ▲さ	

外 88 NGOẠI	• bên ngoài • khác, nước ngoài
外 (そと)	bên ngoài
外国 (がいこく)	nước ngoài
外国人 (がいこくじん)	người nước ngoài

外国語　　ngoại ngữ
がいこくご

外来語　　từ ngoại lai
がいらいご

△そと、ほか、はず(す)、はず(れる)
▲がい、げ

男 89 NAM　• *nam giới, con trai, đàn ông*

男の人　　người con trai
おとこ ひと

男の子　　bé trai
おとこ こ

△おとこ　▲だん、なん

女 90 NỮ　• *nữ giới, con gái, đàn bà*

女の人　　người con gái
おんな ひと

女の子　　bé gái
おんな こ

△おんな、め　▲じょ、にょ、にょう

犬 91 KHUYỂN　• *con chó*

犬　　　　con chó
いぬ

△いぬ　▲けん

ユニット 9

書 92 THƯ　• *viết*
　　　　　• *sự viết → sách*

書きます　　viết
か

書き方　　　cách viết
か かた

図書館　　　thư viện
としょかん

△か(く)　▲しょ

聞 93 VĂN　• *nghe, hỏi*

聞きます　　nghe, hỏi
き

新聞　　　　báo
しんぶん

聞こえます　nghe thấy
き

△き(く)、き(こえる)　▲ぶん、もん

読 94 ĐỘC　• *đọc*

読みます　　đọc
よ

読み方　　　cách đọc
よ かた

△よ(む)　▲どく、とく、とう

見 95 KIẾN　• *nhìn, xem*

見ます　　　nhìn, xem
み

見せます　　cho xem
み

見えます　　nhìn thấy
み

意見　　　　ý kiến
いけん

△み(る)、み(せる)、み(える)　▲けん

話 96 THOẠI　• *nói chuyện*

話します　　nói chuyện
はな

話　　　　　câu chuyện
はなし

電話　　　　điện thoại
でんわ

電話します　gọi điện thoại
でんわ

会話　　　hội thoại
かいわ
話し中　　đang nói chuyện
はな ちゅう
△はな(す)、はなし　▲わ

買 97 MẠI　• *mua*

買います　mua
か
買い物　　mua sắm
か もの
買い物します　đi mua sắm
か もの
△か(う)　▲ばい

起 98 KHỞI　• *thức dậy, xảy ra*
　　　　　• *đánh thức, gây ra*

起きます　thức dậy, xảy ra
お
△お(きる)、お(こす)、お(こる)　▲き

帰 99 QUY　• *về*

帰ります　về
かえ

帰国します　về nước
きこく
△かえ(る)、かえ(す)　▲き

友 100 HỮU　• *bạn*

友達　　bạn
ともだち
△とも　▲ゆう

達 101 ĐẠT　• 達 là hậu tố chỉ số nhiều dùng cho người. Nhưng trường hợp từ 友達 ともだち không mang nghĩa.

友達　　bạn
ともだち
▲たつ

ユニット10

茶 102 TRÀ　• *trà*

お茶　　trà
ちゃ
----
*紅茶　　trà lip-ton
こうちゃ
*喫茶店　quán giải khát
きっさてん
▲ちゃ、さ

酒 103 TỬU　• *rượu*

お酒　　rượu
さけ
△さけ、さか　▲しゅ

写 104 TẢ　• *sao chép*
　　　　　• *chụp ảnh*

写真　　ảnh chụp
しゃしん
△うつ(す)、うつ(る)　▲しゃ

真 105 CHÂN　• *sự thực*

写真　　ảnh chụp
しゃしん
△ま　▲しん

紙 106 CHỈ	• giấy
紙 かみ	giấy
手紙 てがみ	thư
△かみ ▲し	

映 107 ÁNH	• chiếu, phản chiếu
映画 えいが	phim
映画館 えいがかん	rạp chiếu phim
△うつ(る)、うつ(す)、は(える) ▲えい	

画 108 HỌA, HOẠCH	• hình vẽ, tranh vẽ, nét (chữ Hán)
映画 えいが	phim
映画館 えいがかん	rạp chiếu phim
画家 がか	họa sỹ
▲が、かく	

店 109 ĐIẾM	• cửa hàng
店 みせ	cửa hàng
売店 ばいてん	ki-ốt
*喫茶店 きっさてん	quán giải khát
△みせ ▲てん	

英 110 ANH	• nước Anh, tiếng Anh • tài năng
英語 えいご	tiếng Anh
▲えい	

語 111 NGỮ	• ngôn ngữ • kể chuyện
英語 えいご	tiếng Anh
日本語 にほんご	tiếng Nhật
中国語 ちゅうごくご	tiếng Trung
外国語 がいこくご	ngoại ngữ
〜語 ご	tiếng 〜
外来語 がいらいご	từ ngoại lai
△かた(る)、かた(らう) ▲ご	

ユニット 11

送 112 TỐNG	• gửi, tiễn
送ります おく	gửi, tiễn
△おく(る) ▲そう	

切 113 THIẾT	• cắt
切ります き	cắt
切手 きって	tem
親切な しんせつ	thân thiện, tử tế
大切な たいせつ	quan trọng
△き(る)、き(れる) ▲せつ、さい	

| 貸 | 114 THÁI • *cho vay, cho mượn* |

貸します　cho vay, cho mượn
か
△か(す)　▲たい

| 借 | 115 TÁ • *vay, mượn* |

借ります　vay, mượn
か
△か(りる)　▲しゃく

| 旅 | 116 LỮ • *du lịch* |

旅行　　du lịch, lữ hành
りょこう
旅行します　đi du lịch
りょこう

旅館　　quán trọ kiểu Nhật
りょかん
△たび　▲りょ

| 教 | 117 GIÁO • *giảng dậy* • *tôn giáo* |

教えます　dạy học
おし
教室　　phòng học
きょうしつ

教会　　nhà thờ
きょうかい
キリスト教　Đạo Thiên chúa
　　　きょう
イスラム教　Đạo Hồi
　　　きょう
ヒンズー教　Đạo Hindu
　　　きょう
*仏教　　Đạo Phật
ぶっきょう
△おし(える)、おそ(わる)　▲きょう

| 習 | 118 TẬP • *học, tập (làm một cái gì đó, một kỹ năng nào đó)* |

習います　học, tập (chơi ten-nít, chơi
なら　　　　gôn, chơi đánh cờ, vv…)
△なら(う)　▲しゅう

| 勉 | 119 MIỄN • *cố gắng* |

勉強　　học
べんきょう
勉強します　học
べんきょう
▲べん

| 強 | 120 CƯỜNG • *mạnh, dẻo dai, ép* |

勉強　　học
べんきょう
勉強します　học
べんきょう
強い　　mạnh, dẻo dai
つよ
△つよ(い)、つよ(まる)、つよ(める)、
し(いる)　▲きょう、ごう

| 花 | 121 HOA • *hoa* |

花　　hoa
はな

花火　　pháo hoa
はなび
花見　　ngắm hoa anh đào
はなみ
△はな　▲か

ユニット12

| 歩 | 122 BỘ • *đi bộ* |

歩きます　đi bộ
ある

歩いて　　　đi bộ
ある

歩道　　　　vỉa hè
ほどう

△ある(く)、あゆ(む)　▲ほ、ぶ、ふ

待 123 ĐÃI　• đợi, tiếp đãi

待ちます　　đợi
ま

△ま(つ)　▲たい

立 124 LẬP
　• đứng
　• thành lập

立ちます　　đứng
た

△た(つ)、た(てる)　▲りつ、りゅう

```
<〜立>

国立大学          đại học quốc gia
こくりつだいがく
*私立大学         đại học tư
しりつだいがく
国立病院          bệnh viện quốc gia
こくりつびょういん
国立図書館        thư viện quốc gia
こくりつとしょかん
```

止 125 CHỈ
　• dừng
　• đỗ

止めます　　ngăn, chặn, dừng
と

止まります　dừng, đỗ
と

△と(まる)、と(める)　▲し

雨 126 VŨ　• mưa

雨　　　　mưa
あめ

大雨　　　mưa to
おおあめ

△あめ、あま　▲う

入 127 NHẬP
　• vào
　• đưa vào

入ります　　vào
はい

入れます　　đưa vào
い

入り口　　　lối vào
いぐち

△はい(る)、い(れる)、い(る)　▲にゅう

出 128 XUẤT
　• ra
　• đưa ra ngoài

出ます　　　ra, đi ra
で

出します　　đưa ra
だ

出かけます　đi ra ngoài
で

出口　　　　lối ra
でぐち

△だ(す)、で(る)　▲しゅつ、すい

売 129 MÃI　• bán

売ります　　bán
う

売店　　　　ki-ốt
ばいてん

△う(る)、う(れる)　▲ばい

| 使 | 130 SỬ · dùng, sử dụng |

使います つか　dùng, sử dụng
使い方 つか かた　cách dùng, cách sử dụng

大使館 たいしかん　đại sứ quán
△つか(う)　▲し

| 作 | 131 TÁC · làm, sản xuất, sáng tác, nấu nướng |

作ります つく　làm, sản xuất, sáng tác, nấu nướng

作家 さっか　nhà văn
△つく(る)　▲さく、さ

ユニット 13

| 明 | 132 MINH · sáng, rõ ràng, trong sạch |

明るい あか　sáng, sáng sủa, tươi tắn, vui vẻ, trong sáng

△あか(るい)、あ(かり)、あか(るむ)、あか(らむ)、あき(らか)、あ(ける)、あ(く)、あ(くる)、あ(かす)　▲めい、みょう

| 暗 | 133 ÁM · tối, ngầm |

暗い くら　tối
△くら(い)　▲あん

| 広 | 134 QUẢNG · rộng |

広い ひろ　rộng
△ひろ(い)、ひろ(まる)、ひろ(める)、ひろ(がる)、ひろ(げる)　▲こう

| 多 | 135 ĐA · nhiều |

多い おお　nhiều
△おお(い)　▲た

| 少 | 136 THIỂU · ít |

少ない すく　ít
少し すこ　một ít
△すこ(し)、すく(ない)　▲しょう

| 長 | 137 TRƯỞNG, TRƯỞNG · dài · trưởng, đứng đầu |

長い なが　dài
△なが(い)　▲ちょう

<～長>

社長 しゃちょう　giám đốc
部長 ぶちょう　trưởng phòng
学長 がくちょう　hiệu trưởng trường đại học
校長 こうちょう　hiệu trưởng
駅長 えきちょう　trưởng ga

| 短 | 138 ĐOẢN · ngắn |

短い みじか　ngắn

△みじか(い)　▲たん

| 悪 | 139 ÁC | • xấu, nguy hại, lỗi, ác |

悪い　　　xấu, nguy hại, lỗi, ác
　わる
△わる(い)　▲あく、お

| 重 | 140 TRỌNG | • nặng |

重い　　　nặng
　おも
△おも(い)、かさ(ねる)、かさ(なる)、え
▲じゅう、ちょう

| 軽 | 141 KHINH | • nhẹ |

軽い　　　nhẹ
　かる
△かる(い)、かろ(やか)　▲けい

| 早 | 142 TẢO | • sớm |

早い　　　sớm
　はや
早く　　　sớm
　はや
△はや(い)、はや(める)、はや(まる)
▲そう、さっ

ユニット 14

| 便 | 143 TIỆN | • tiện, tiện lợi
• thư, bưu điện |

便利な　　tiện, tiện lợi
べん り

*郵便*局　　bưu điện
ゆうびん きょく

△たよ(り)　▲べん、びん

| 利 | 144 LỢI | • lợi, thuận lợi, lời |

便利な　　tiện lợi
べん り
△き(く)　▲り

| 元 | 145 NGUYÊN | • nguyên bản |

元気な　　khỏe
げん き
△もと　▲げん、がん

| 気 | 146 KHÍ | • thể khí, khí lực, tinh thần, tính khí |

元気な　　khỏe
げん き
病気　　　bệnh, ốm
びょう き
病気の　　bệnh, ốm
びょう き
電気　　　điện
でん き
天気　　　thời tiết
てん き
▲き、け

| 親 | 147 THÂN | • bố mẹ
• thân mật, thân thiết |

親切な　　thân thiện, tử tế
しんせつ

親　　　　bố, mẹ
おや
*両親　　　bố mẹ
りょうしん
△おや、した(しい)、した(しむ)
▲しん

有	148 HỮU • *có*

有名な　　nổi tiếng
ゆうめい

△あ(る)　▲ゆう、う

名	149 DANH • *tên*

名前　　　tên
なまえ

有名な　　nổi tiếng
ゆうめい

△な　▲めい、みょう

地	150 ĐỊA • *đất, mặt đất*

地下鉄　　tàu điện ngầm
ちかてつ

地図　　　bản đồ
ちず

- -

地下　　　ngầm
ちか

地下室　　phòng hầm
ちかしつ

土地　　　đất đai
とち

地*価　　giá đất
ちか

地*震　　động đất
じしん

▲ち、じ

鉄	151 THIẾT • *sắt*

地下鉄　　tàu điện ngầm
ちかてつ

- -

鉄　　　　sắt
てつ

▲てつ

仕	152 SĨ • *làm việc, phục vụ*

仕事　　　việc, công việc
しごと

△つか(える)　▲し、じ

事	153 SỰ • *việc, vấn đề*

仕事　　　việc, công việc
しごと

△こと　▲じ、ず

```
＜～事＞

仕事       công việc
しごと
家事       việc nhà
かじ
火事       hỏa hoạn
かじ
食事       bữa ăn
しょくじ
```

ユニット 15

東	154 ĐÔNG • *phía Đông*

東　　　　phía Đông
ひがし

東京　　　Tokyo
とうきょう

- -

東ヨーロッパ　Đông ÂU
ひがし

東南アジア　　Đông Nam Á
とうなん

中東　　　　　Trung Đông
ちゅうとう

東北　　　　　vùng Đông Bắc
とうほく

△ひがし　▲とう

西	155 TÂY • *phía Tây*	京	158 KINH • *kinh đô*

西　　phía Tây
にし

西ヨーロッパ　Tây Âu
にし

△にし　▲せい、さい

東京　Tokyo
とうきょう

京*都　Kyoto
きょうと

▲きょう、けい

南	156 NAM • *phía Nam*	夜	159 DẠ • *đêm, tối*

南　　phía Nam
みなみ

南アメリカ　Nam Mỹ
みなみ

東南アジア　Đông Nam Á
とうなん

△みなみ　▲なん、な

夜　　đêm, tối
よる

△よる、よ　▲や

料	160 LIỆU • *nguyên vật liệu* / *tiền*

料理　món ăn
りょうり

▲りょう

北	157 BẮC • *phía Bắc*	理	161 LÝ • *lý do* / *lý luận*

北　　phía Bắc
きた

北アメリカ　Bắc Mỹ
きた

東北　vùng Đông Bắc
とうほく

北海道　Hokkaido
ほっかいどう

△きた　▲ほく

料理　món ăn
りょうり

▲り

<日本人の名前>
にほんじん　なまえ

山田	川田	本田	中田
やまだ	かわだ	ほんだ	なかだ
前田	上田	田中	田川
まえだ	うえだ	たなか	たがわ
田山	山川	山下	山西
たやま	やまかわ	やました	やまにし
中山	西山	中川	北川
なかやま	にしやま	なかがわ	きたがわ
西川	...v.v		
にしかわ			

口	162 KHẨU • *mồm* / *lối (cửa) ra, vào*

口　　mồm
くち

入り口　lối vào
いぐち

出口　lối ra
でぐち

△くち　▲こう、く

目	163 MỤC • mắt

目 mắt
め
△め、ま ▲もく、ぼく

足	164 TÚC • chân • đủ • cộng

足 chân
あし

右足 chân phải
みぎあし

左足 chân trái
ひだりあし

足ります đủ
た

△あし、た(りる)、た(る)、た(す)
▲そく

曜	165 DIỆU • 曜 chỉ sử dụng trong cụm từ 曜日.

〜曜日 thứ〜
ようび
▲よう

ユニット 16

降	166 GIÁNG, HÀNG • xuống • thả xuống, dỡ xuống • rơi (mưa, vv...)

降ります xuống
お

降ります (mưa) rơi
ふ

降ろします thả xuống, dỡ xuống
お

△お(りる)、お(ろす)、ふ(る) ▲こう

思	167 TƯ • suy nghĩ, cho rằng, phỏng đoán

思います suy nghĩ, cho rằng, phỏng đoán
おも

△おも(う) ▲し

寝	168 TẨM • ngủ

寝ます ngủ
ね

△ね(る)、ね(かす) ▲しん

終	169 CHUNG • kết thúc

終わります hết, kết thúc
お

△お(わる)、お(える) ▲しゅう

言	170 NGÔN • nói

言います nói
い

△い(う)、こと ▲げん、ごん

知	171 TRI, TRÍ • hiểu, biết

知っています biết
し

知りません không biết
し

△し(る) ▲ち

動	172 ĐỘNG • chuyển động

自動車 xe đạp
じどうしゃ

動物 động vật
どうぶつ

動きます	vận động, chuyển động, động đậy
うご	

△うご(く)、うご(かす) ▲どう

同 173 ĐỒNG • *giống, cùng*

同じ	giống, cùng
おな	

△おな(じ) ▲どう

漢 174 HÁN • *Hán (chữ, vương triều Hán)*

漢字	chữ Hán
かん じ	

▲かん

字 175 TỰ • *chữ*

漢字	chữ Hán
かん じ	

- -

ローマ字	chữ La-tinh
じ	
字	chữ
じ	

△あざ ▲じ

方 176 PHƯƠNG • *cách, phương pháp, phương hướng*
• *người (cách nói lịch sự)*

あの方	người ấy (cách nói lịch sự)
かた	
使い方	cách dùng
つか かた	
読み方	cách đọc
よ かた	
書き方	cách viết
か かた	
～方	cách ～
かた	

- -

～の方	về hướng ～
ほう	
*夕方	chiều muộn
ゆうがた	

△かた ▲ほう

```
<～方>
～の読み方    cách đọc ～
   よ  かた
～の書き方    cách viết ～
   か  かた
～の使い方    cách dùng ~
   つか かた
～の作り方    cách làm ～
   つく かた
教え方       cách dạy
おし かた
考え方       cách nghĩ
かんが かた
見方         cách nhìn, góc nhìn
み かた
```

ユニット 17

図 177 ĐỒ • *sơ đồ, đồ thị, hình*

図書館	thư viện
としょかん	
地図	bản đồ
ち ず	

△はか(る) ▲ず、と

館 178 QUÁN • *tòa nhà lớn*

図書館	thư viện
としょかん	

- -

大使館	đại sứ quán
たいしかん	
映画館	rạp chiếu phim
えいがかん	
旅館	quán trọ kiểu Nhật
りょかん	

▲かん